做律师的这些年

BEING A LAWYER

刘福奇 / 著

中国法制出版社
CHINA LEGAL PUBLISHING HOUSE

自序

自从事法律服务工作以来，总想静下心来整理一下这些年我所代理过的各类案件，或者是说梳理一下自己的执业经历，这是我长久以来的一个夙愿。然而，我平日工作比较忙碌，这个想法的践行一直被拖延至今。

1990年年初，我到原商业部政策法规司从事商业立法、法律及法规咨询检查和行政复议的工作，在此期间我代理了涉及商业部和部直属公司的多起民事纠纷及经济纠纷案件。毫无疑问，国家机关的工作经历是我人生中的一段重要经历，它培养了我宏观审视问题的能力，增加了我辞职做律师的自信和勇气。1995年我辞去了公职，开始从事专职律师工作，至今已二十余载，期间，一直坚持着诉讼业务与非诉讼业务并重。

现今，我从代理过的各类诉讼案件中筛选出了一些具有代表性的案例（其中，不乏有我亲身经历过的案件），将他们整理成册。书中的每篇文章均由内容提要、案例索引、案件追踪、辩护词/代理意见品鉴、案例评析、案件提示等六个部分组成，主要是和大家分享我所撰写的法律文书、代理案件的心得体会及个人见解。

值得一提的是，书中案例的挑选并没有把案件输赢本身作为筛选标准，而是更多地关注了案件所反映的当时法律的健全程度及司法环境。这些个案从法律角度反映了社会法制状况的改善、人们法律意识的提升以及我自身执业水平的提高。一定意义上讲，这些个案代表了当时的司法环境，从侧面反映了我国法制不断健全和完善的过程。如果说一个律师从没打输过官司，那是人为神话。故收录于本书的案件有胜有败，理解个案的赢输不能仅关注案件最终的裁判结果，其关键在于是否能从法律及事实角度为当事人争取到最大限度的合法权益或者说将当事人的损失降到最低。当然，书中亦不乏个案存有争议，存在可供探讨的空间，对此，也恳请读者提出宝贵意见。

律师是用专业法律知识解决当事人法律困惑的职业，是一个高度智力化和高度职业化的职业，是个人价值和才华展示最充分的职业，也是彰显个性和激情的职业。律师制度是社会民主和法制的标志，是社会制衡机制的组成部分。律师的辩护词和代理词是律师从法律和事实角度对整个案件充分表达独到法律见解的舞台，也是律师执业水平最集中的体现。一篇好的辩护词/代理词应该是充满智慧美、逻辑美与理性美的。书中呈现给大家的代理意见每篇都保持着原貌，但在其创作过程中都经历了数次的修改与完善，每篇都凝聚着我辛勤的付出。尽管如此，对于负有责任感的完美主义者而言，其中不乏存在些许遗憾。我时常在思考，如果开庭时律师的语言表达更为理性、严谨，是不是对法官的启发作用会更为明显？值得欣慰的是，对于每篇代理意见，我都力争用简明的法言法语以及严谨的逻辑思维，从法律和事实的角度去阐明我对案件的见解。虽然文中涉及的某些观点还值得商榷，但我愿意呈现给大家，与大家一同分享我的司法实践经验，以求公众和同行的指正。

在执业过程中我时常有一种感悟，作为一名执业律师仅仅具备专业的法律知识还远远不够。律师不仅要谙熟现行的法律、法规和政策，还要了解法律、法规制定的背景，洞察法律事实，具备厘清法律关系的能力，还要从宏观及微观角度对现行法制环境下合法及违法的界限有精准的判断与把握，同时还要具备社会学、逻辑学以及代理的具体个案所涉及的相关领域的专业知识。你可以不是某方面的专家，但对具体个案所涉及的专业知识应具备迅速学习、理解并掌握的能力。

今天，依法治国这一时代背景，给律师提供了广阔的展现自我的舞台和空间。勤勉执业，为当事人提供优质的法律服务既是市场经济的要求，也是律师行业发展的要求，更应是每个以法律服务作为职业的律师的不懈追求。诚然，律师不一定都会出现在充满纷争的法庭上，在一个法制相对完善的国家，律师从事的大部分工作是非诉讼业务，防范法律及商业风险，化解矛盾，促进各种交易的安全进行。

在我国现阶段，相较于非诉讼业务而言，办理诉讼业务的律师的执业是艰难的，不仅要厘清案件的各种法律关系，还要处理好各种人际关系；不仅要具备较强的沟通能力，还要具备良好的心理素质和开放的心态。毋庸置疑，从事诉讼业务的律师是优秀的，在法制欠完善，社会交易欠透明，有理不一定能打赢官司的大环境下，诉讼律师能够仗义执言，维护委托人的合法权益，维护社会公正，这需要一定的自信、勇气以及社会责任感。在我看来，不经历诉讼的律师其执业经历是不完整的或者说是欠丰富的。相信我们每一次的法律咨询、法律服务都在为化解社会矛盾，维护社会和谐及稳定尽自己微薄之力；每一次诉讼都能或多或少、直接或间接地推动社会法制的进步。

律师职业是一个不断发展变化、知识不断更新，深具挑战性的职业，是一个需要终身学习和不断思考的职业，每个个案都不尽相同，有着独特的色彩和个性，每个个案都是律师职业生涯中崭新的一页篇章，谁也不能说自己站在诉讼之巅。因此，我愿不断努力，竭力为当事人谋取最大的合法权益，珍惜自己的执业生涯，为社会多一些和谐、少一些纷争，多一分安全、少一些陷阱尽自己微薄之力，做一个执业律师应做之事情，尽一个执业律师应尽之责。

随着司法的不断进步，社会的不断发展，运用诉讼之外的非诉讼手段（包括谈判、和解等广义的非诉讼手段）化解社会矛盾，尤其是解决民商事纠纷是高效的，但是诉讼仍是最能体现律师专业水平的重要途径之一。本书便是基于我职业生涯中经历的诉讼业务展开，为读者呈现的一场智慧盛宴。

本书体例简洁，没有讲故事，更没有跌宕起伏的案情，但本人独到的法律见解、辩护技巧显见于其中，望对诸位同行的司法实践有所裨益。

最后，我要感谢养育了我的父母，感谢培养过我的师长，感谢我的家人为我所付出的辛劳及对我的包容，感谢关心和关注我这本书的朋友。谨以此拙作献予他们。

是为本书之序。

刘福奇
2018年春日于北京

目录

初涉法律实务

003 | 一波三折,历经再审
　　　——国内贸易部房屋确权案

018 | 初来乍到,初涉刑事要案
　　　——刘某故意伤害案

031 | 工作维艰,妇女劳动权益之维护
　　　——高某某劳动保护争议案

038 | 合同无效?绝非易事
　　　——房屋租赁合同纠纷案

046 | 合同预期违约,守约方主动出击
　　　——大麦购销合同纠纷案

059 | 买卖合同的履行遭遇诈骗,责任如何认定?
　　　——聚丙烯买卖合同返还货款纠纷案

律师的长成

071 | 为案件第三人代理，尽显律师职业风采
　　　——保证保险合同纠纷案

086 | 第三人保证有风险
　　　——"银行骗取担保"案

103 | 第三人保证责任的承担及免除
　　　——大同齿轮公司担保合同纠纷案

115 | 合同违约，守约方如何"防止损失的扩大"？
　　　——顺规建筑公司建筑工程合同纠纷案

124 | "公款私存"vs"公对私的正常交易往来"
　　　——储蓄存款合同纠纷案

133 | 新闻传媒匡扶正义有风险
　　　——中央电视台记者骆某某、王某名誉权纠纷案

律师职业的坚守

143 | 重大敏感类刑事案件之辩护
　　　——袁某滥用职权案

151 | 罪轻辩护：以危险方法危害公共安全罪 vs 交通肇事罪
　　　——周某某交通肇事案

160 | 公安机关插手经济纠纷，刑侦阶段辩护律师应如何作为？
　　　——曹某合同诈骗案

168 | 为"生"而辩护
　　　——刘某某死刑复核案

178 | 穷尽法律救济途径，维护劳动者合法权益
　　　——黄某劳动争议案

187 | 违约责任之不继续履行：不动产买卖（1）
　　　——朱某房屋买卖合同纠纷案

194 | 违约责任之继续履行：不动产买卖（2）
　　　——杨某、封某某房屋买卖合同纠纷案

206 | 新旧交替，其他科技成果权之存废
　　　——上海某鉴定中心其他科技成果权纠纷案

217 | 上诉，为当事人争取最大限度的合法权益
　　　——农行葫芦岛分行金融借款合同纠纷案

置身事中（彩蛋）

229 | 以电信用户之名
　　| ——刘福奇诉北京电信侵权纠纷案

236 | 纠正交通队执法行为，推动"民告官"
　　| ——刘福奇不服广安门交通队行政处罚案

初涉法律实务

◇ 一波三折，历经再审——国内贸易部房屋确权案

◇ 初来乍到，初涉刑事要案——刘某故意伤害案

◇ 工作维艰，妇女劳动权益之维护——高某某劳动保护争议案

◇ 合同无效？绝非易事——房屋租赁合同纠纷案

◇ 合同预期违约，守约方主动出击——大麦购销合同纠纷案

◇ 买卖合同的履行遭遇诈骗，责任如何认定？——聚丙烯买卖合同返还货款纠纷案

> 这个案子是九十年代中期我在国内贸易部任职期间协同另外两位专职律师共同承办的案件，可谓一波三折，历经二审及再审程序，最终迎来了迟到的正义。案件的事实并不复杂——一个简单的房屋所有权确权纠纷，复杂的是当时司法环境以及影响司法公正的案外因素。案件相关的法律文书虽非出自我手，由另两位专职律师完成，但是本篇涉及的法律文书所呈现的逻辑美对我的职业生涯有着很大的影响。希望将其与大家分享，一同感受其中所蕴含的法律的艺术气息。

一波三折，历经再审
——国内贸易部房屋确权案

① 案例索引

再审申请人（原审原告、二审上诉人） 国内贸易部（原中华人民共和国商业部以下简称为"商业部"，曾是中华人民共和国国务院组成部门，1993年，与物资部一同被撤销，重新组建国内贸易部。）

再审被申请人（原审被告、二审被上诉人） 西城区房管局

案由 房屋确权纠纷

一审法院 北京市海淀区人民法院［案号（1994）海民初字第

475号]

二审法院 北京市中级人民法院[案号（1994）民终字第2010号]
再审法院 北京市高级人民法院

◎ 案件追踪

1981年12月7日，商业部与西城区房管局签订协议，共建一栋宿舍楼。西城区房管局出地，商业部出资，并约定建成后的产权为商业部占60%，西城区房管局占40%，房屋维修管理费按房屋所有权比例分摊。1982年3月21日，双方又签订补充协议，将合建一栋宿舍楼改为合建两栋，其他约定不变。1985年、1987年，双方在主协议及补充协议的基础上，对竣工后的一些具体事宜进行协商，形成了85会议纪要、87会议纪要。其中，对于产权划分比例双方均予以认可。

双方分得房屋的分配、调换、使用权永远归各自所有，北京市西城区某乙3号楼（以下简称为"乙3号楼"）25套房屋凭商业部开具的住房证入住，由西城区房管局定租到户，房租收入归西城区房管局，维修由西城区房管局负责，共同设施的管理维修费用各自承担50%。1987年7月2日，西城区房管局向北京市房屋管理局请示，接管了乙3号楼；1988年9月，商业部对北京市西城区某丙3号楼（以下简称为"丙3号楼"）以及乙3号楼中属于商业部的25套房屋申请了产权登记；1989年3月25日，西城区房管局仅向其颁发了丙3号楼房屋所有权证书；其后，1991年3月26日，西城区房管局为自己颁发了乙3号楼的房屋所有权证书。

1991年4月，因西城区房管局职工抢占属于商业部的乙3号楼

1206号住房，商业部向北京市西城区法院提起腾房诉讼；后西城区房管局出示了产权证明，商业部又提起了确权诉讼；北京市西城区人民法院对此进行了立案，后经北京市中级人民法院指定，由北京市海淀区人民法院审理本案（指定管辖）。

北京市海淀区人民法院经审理认为，国内贸易部（时年，商业部已被撤销，重新组建为国内贸易部）与西城区房管局签订的合作建楼协议、补充协议及会议纪要未明确产权划分，属于约定不明，双方所争议的乙3号楼已经有关房屋产权登记机关确认，归西城区房管局所有；国内贸易部所述多次要求对乙3号楼的25间房屋进行产权登记及得知乙3号楼归西城区房管局所有后，提出过异议，因未能提出相应证据，不予认定。一审判决驳回了国内贸易部的诉讼请求。

国内贸易部不服北京市海淀区人民法院一审判决，向北京市中级人民法院提起上诉。我与当时北京市华联律师事务所的刘一华律师共同作为国内贸易部的二审委托代理人参与本案。北京市中级人民法院驳回国内贸易部的上诉请求，维持原判。

后我又与当时中伦律师事务所的李洪积律师共同作为国内贸易部再审委托代理人继续向最高人民法院申请再审，并向最高人民法院发出协助函。后最高人民法院指令北京市高级人民法院对本案进行再审。1995年7月25日，北京市高级人民法院作出民事裁定书，裁定本案由北京市高级人民法院进行再审；再审期间，中止原判决执行。

1996年11月18日，北京市高级人民法院经审理认为，国内贸易部与西城区房管局签订的合建楼房协议、补充协议和会议纪要等文件，系双方真实意思表示，符合法律规定，故协议有效。双方在1985年9

月会议纪要中已明确约定了产权划分的比例，并对各自房屋的数量、位置等进行了产权分配的说明，原一、二审判决认定产权不明有误。西城区房管局以会议纪要中房屋使用说明所约定的定租到户为由，并以上级单位同意其接管乙3号楼为依据，将乙3号楼的产权自行登记归其所有，显属不妥。撤销北京市海淀区人民法院（1994）海民初字第475号和原北京市中级人民法院（1994）民终字第2010号民事判决。位于北京市西城区某乙3号楼中的第9层1号、第10、第11、第12全层归国内贸易部所有。

至此，本案经过一审、二审以及再审程序，以国内贸易部胜诉而告终。

◎ 二审代理词及协助函品鉴

审判长、审判员：

我们受本案上诉人国内贸易部的委托，担任国内贸易部的委托代理人，出席本案的二审法庭，根据本案的事实和国家现行法律，我们发表如下代理意见，请二审法庭参考。

通过刚才的法庭调查，我们认为本案涉及的丙3号楼以及乙3号楼中的25套房屋产权归属已十分清楚——归属国内贸易部。西城区房管局无权取得该25套房屋产权。原审法院判决驳回上诉人的诉讼请求，并将该项产权确认给被上诉人，是脱离事实、缺乏法律依据的，因而完全是错误的。

本案纠纷自1991年11月诉诸法院至今，已近三年，足以说明案情复杂。因为被上诉人既是房屋产权管理的一级行政主管机关又是本案民事诉讼平等主体的一方当事人，因此，我特别提请二审法院在审查这种具有双重身份的当事人提供的不利于对方的证据时，应当格外认真分析、慎重认定，因为享有某种特殊权力的当事人在处理涉及自己利益的事情上，是很容易表现出倾向性的。下面，我就原审法院驳回国内贸易部确认其房屋产权主张的理由，发表以下几点意见：

一、合建楼房协议中房产划分明确

协议是房屋产权来源的重要证件，原审法院认为：上诉人与被上诉人签订的协议及会议纪要中，只明确了各自分得使用楼房的数量及位置，而未明确其产权。但是，原审法院在判决书事实部分，又十分精确地认定：上诉人与被上诉人1981年12月7日签订的建房协议中规定，宿舍楼产权双方按60%和40%划分归各自所有。且该协议虽几经补充和完善，未能改变这一产权划分。在原审和刚才的法庭调查中，被上诉人也肯定了协议对宿舍楼的产权是作了明确划分的，然而原审法院在同一判决书中竟认为双方只明确了各自分得使用楼房的数量及位置，而未明确其产权，岂不脱离事实、自相矛盾。可见，原审法院的这一判决理由是错误的。

二、房租的归属不是认定所有权人的依据

首先，收取房租，是房屋所有人行使收益权的具体表现，但是收益权同使用权一样，是可以与所有权分离，可以转让和放弃的，然而转让和放弃收益权，并不意味转让或放弃所有权。依照国务院有关部门的规定，中央国家机关在京单位，可以以不同形式委托北京市房管公司、区房管部门代管房屋，代管当然是有偿的。将房租收益转让给房屋代管部门，即是支付代管费用的重要方式。上诉人根据国家房管

政策和85会议纪要的规定，将乙3号楼中25套房屋的租金转让给被上诉人用于维修房屋，合乎情理。原审法院将"房租归西城区房管局所有"作为被上诉人享有产权的依据，岂不是荒谬绝伦。如果说收益不足以正常支付维修费用，要求上诉人按有关规定给予补贴，倒是可以理解的。

三、上诉人未办成产权登记，是被上诉人故意拖延所致

全国开展城镇房屋所有权登记以后，上诉人因仅对乙3号楼中的部分房屋享有所有权，将其与丙3号楼全部房屋一并交予北京市一房屋管理公司管理不便，又因被上诉人亦是房管单位，便在会议纪要中约定了乙3号楼全部由被上诉人管理。故在产权登记时，将丙3号楼与乙3号楼中25套住房分别办理所有权证。1988年，上诉人办理产权登记时，多次派房管干部到被上诉人处办理该项产权登记，而被上诉人的工作人员对此却答复"等等再说"（从未表示该产权不归上诉人）。上诉人出于对被上诉人的信任，未予以警惕。现在通过被上诉人陈述，可以看出，他们早有侵吞该项产权的企图，当时不便明说，才迟迟不给上诉人办理该项产权登记。既然被上诉人早已有了将这25套住房产权划归自己所有的动机，那么，对他们而言，是绝不能过早泄露此事的，也不可能通知上诉人其将该产权归为已有。故上诉人被蒙在鼓里不知情，在不知自己的权利已遭到侵害的情况下，不可能正常行使权利，向对方提出任何异议。上诉人直至被上诉人职工撬锁强占房屋引起纠纷后，才得知自己的权利被侵害，继而提起侵权及确认房屋产权诉讼。原审法院以上诉人未曾提出异议作为确认上诉人丧失该25套房屋产权的理由是错误的。需要特别指出的是，被上诉人利用自己房屋管理的权力侵害他人利益，开出不属于自己房屋的、自己为产权所有人的房产证，这种行为是十分恶劣的。请二审法院注意，被上诉人办理房屋所有权证的时间和内容——被上诉人为什么到1991年3月才为自己填写房屋所有权证，为什么将乙3号楼仅有的286间房屋，登记为552间，这不能不引起我们的怀疑和警惕。

四、北京市城镇房屋所有权登记发证领导小组办公室出具的确认函，不具有证明力

首先，被上诉人与上诉人合建房屋应属自筹资金建房。根据《北京市房地产管理局直管房屋等所有权登记发证有关问题的规定》第二条，被上诉人自筹资金建造房屋，所有权性质应按全民或集体产权登记，而被上诉人将该25套住房定为"市级公产"，显然是另有目的，这也使上诉人与北京市房管局在权利上形成了利害关系。其次，作为与被上诉人处同一系统、具有同一利益的上一级行政机关，作出的这一确认结论显然缺乏客观性和公正性。再次，其确认函的内容简单粗暴，且与被上诉人提交的房屋产权证发证时间不符。原审法院将此函作为定案的依据，是不慎重、不妥当的。故建议二审法庭对该份所谓的证据不予采纳。

另外，法院确权明产、定纷止争，应以事实为根据，以法律为准绳，而不应以一方当事人的上级意见作为定案根据。

五、关于原审法院认为"乙3号楼归西城区房管局所有，证据齐全，手续完备"的问题

原审法院既没有收集到被上诉人产权登记的全部文件，也没有查到被上诉人产权来源的合法证据，反而认为双方所签协议未明确产权，何谓证据齐全，手续完备。显然原审法院这一主张是不严肃的，故要求二审法庭纠正原审法院的错误，制止被上诉人的侵权行为。

六、被上诉人提出 85 会议纪要改变协议中对产权所作的划分比例没有根据

85 会议纪要、87 会议纪要开宗明义，其是在 1981 年 12 月 7 日的主协议及补充协议的基础上，对竣工后的一些具体事宜进行协商，从而形成的决定。两份会议纪要均明确肯定了原房产比例，并加以落实和具体化，毫无改变产权分配比例的意思表示。如果说，在有些设施的费用分担上，按照 5∶5 的比例确定，也是被上诉人因取得该 25 套住房租金而履行代管该房屋义务的情况下确定的，这与产权的划分完全是风马牛不相及的。被上诉人提出，会议纪要由上诉人打印成文，他们不知为什么没有改变产权划分比例，纯属狡辩。即使会议中提出了改变产权分配比例，而且上诉人也同意，被上诉人又何必给上诉人 25 套住房的所谓一次性分配权；即使被上诉人所说改变产权比例是双方协商决定的，为什么在上诉人将会议纪要文件交给被上诉人签字盖章时，被上诉人不提出异议而是盖章确认；如果当时未及时发现问题，为什么不在 87 会议纪要中予以更正……因此，被上诉人所述 85、87 会议纪要将原产权划分比例更改为各 50%，显然是无中生有，是为掩饰自己侵吞他人财产的行为而编造出的说辞。

综上，原审法院既没有说清被上诉人是依约享有产权，还是因上诉人放弃产权而使被上诉人取得权利，也没有将上诉人在一审时提出的诉讼请求予以合乎事实、情理、符合法律规定的有力的驳回，而是确认该产权归被上诉人，显然有失公正。被上诉人盗名欺世，侵吞上诉人所有的中央级公产,应受法律制裁。希望二审法庭以事实为根据,以法律为准绳,纠正原审法院的错误判决,制止被上诉人的侵害行为。

此致

北京市中级人民法院

上诉人委托代理人:北京市华联律师事务所

刘一华律师

国内贸易部政策法规司

刘福奇

1994年1月12日

附:

关于请协助解决我部与北京市西城区房管局产权纠纷案件的函

「1994」内贸函政体法司第 903 号

最高人民法院:

我部与北京市西城区房管局就北京市西城区某乙3号楼中部分住宅发生产权纠纷一案,已经北京市西城区人民法院、北京市海淀区人民法院和北京市中级人民法院审理,以我部败诉告终。我部对本案的审理结果不服,将继续依法申诉,并希望得到上级司法机关的支持。

现将有关情况向你院反映如下：

我部于1981年12月7日与北京市西城区房管局签订了合建一栋高层拐角宿舍楼的协议，根据协议的规定，由西城区房管局提供场地，我部负责投资并组建施工，宿舍楼建成后，除公共用房、社会用房外，甲方（即西城区房管局）分得40%的产权，乙方（即我部）分得60%的产权。1982年3月2日，甲乙双方签订了补充协议，将甲乙双方合建一栋拐角宿舍楼改为合建两栋16层塔楼。1985年9月11日，双方就一些具体事宜进行了协商，并签署了会议纪要，进一步明确了产权关系，即我部分得住房的60%（共341间）、西城区房管局分得住房的40%（共227间），由此，我部分得的住宅中有25套住宅（与西城区房管局分得的227间房屋在同一栋楼里）。为了便于管理，我部根据国家关于中央单位房管办法的有关政策精神与西城区房管局商定，并在会议纪要中约定，"双方分得的房屋，分配、调换、使用权永远归各自所有。西边楼的57间凭商业部住房证进住，由西城区房管局定租到户，房租收入归西城区房管局，维修归西城区房管局负责。"1987年4月27日，双方又对验收、交接、进住房屋等事项进行了磋商并签署了第二份会议纪要。同年6月，西城区房管局经验收房屋，办理了房屋接收手续，并向我部出具了"按原协议规定和1985年9月11日会议纪要决定，将西边一栋（将10层、11层、12层和9层1号3居室1套留归商业部）共229间（包括预留2间）交西城区房管局分配使用"的收据。

1987年，全国开展房产登记工作，我部照章向西城区房管局申请办理房产登记手续，西城区房管局以该局当时主要办理外单位的房产为由，提出我部与其毗邻的25套房屋因在同一楼中，涉及两个单位，产权手续可以缓办的建议。但到1989年3月25日，该局却仅向我部发出了东边一栋楼（现为丙3号楼）的产权证，而西边一栋楼（现为乙3号楼）中的25套住房虽经我部多次催办，均被借故推拖。直至1991年4月，我部调整住房后，我部干部将乙3号楼中分得的房屋打扫干净即将入住时，该房屋被月坛房管所工人李琛强占，称其行为是房管所李书记所指使。我部发现这一情况后，即与西城区房管局交涉。但此时，西城区房管局竟以我部未办理产权证为由，将该房屋产权强行划归该局所有。我部要求其出示该楼产权证，亦被拒绝。几经交涉不成，我部遂以侵权纠纷诉至北京市西城区人民法院。

西城区法院立案后，审理了近二年，无任何法定事由，上报北京市中级人民法院，要求中级法院指定管辖。后北京市中院将本案指定海淀区人民法院审理。在转至海淀区法院审理前，西城区法院的审判人员要求我部将侵权纠纷改为确认房屋产权案，我们采纳了这一意见。

在本案的审理中，我部向各级法院提供了与本案有关的主要证据，包括经办人证词、协议、会议纪要及西城区房管局向我部开具的房屋收据。在事实面前，西城区房管局不得不在法庭辩论中承认双方签订的协议中关于产权的划分是明确的。西城区房管局苦于没有有力的证据，求助于北京市城镇房屋产权登记领导小组办公室，该办公室出具了一份确认西城区房管局自己开出的产权证有效的证明，依据是北京市房管局的一份文件精神，但这份文件始终没有找到。当我部代理律师到该出证部门调查时，该部门的一位负责人称此证是"西城区房管局写的，在我们这盖的章，这并不违法，具体情况不清楚，这个文件我们也没有，可由法院去西城区房管局调档查看"。最后法院在判决中均因协议第五条第一项中的"40%""60%"前后没有使用"产权"二字为由，认定协议中对产权划分不明确，将理应归我部的 25 套住宅产权判归西城区房管局。然而，该案审理了近三年，法院并没搞清楚"获得产权"的具体时间。西城区房管局为自己开的产权证是 1991 年 3 月 26 日，其上级开的证明是 1990 年 3 月 26 日，终审判决书认定的是 1989 年 3 月 25 日。

以上是该案件发生及审理的大致经过，恳请你院关注此案，予以协调解决。

附：1. 北京市海淀区人民法院判决书

2. 北京市中级人民法院判决书

3. 协议书

4. 补充协议书

5. 会议纪要（一）

6. 会议纪要（二）

7. 收据

中华人民共和国国内贸易部（章）
一九九四年十一月十五日

◎ 案例评析

这个案例与其他案例最大的区别是这个案子我虽然亲自参与其中，由我与专职律师共同作为国内贸易部的委托代理人，但是该代理词以及协助函并非出自我之手。二审代理词以及向最高人民法院发出的案件协助函分别出自刘一华律师以及李洪积律师之笔，没有我的知识产权，但我愿意将原文展示出来与大家分享。就个人而言，我认为代理词写得非常好，思路清晰、逻辑严谨、说理性强；协助函用语规范、语言简洁干练、叙事全面。这充分展示了我国九十年代初期专职律师的法律专业素养。当然这个案子的整个历程也展现了我国当时司法环境的复杂——法院判决受案外因素影响较大，司法公正受到严重影响。

这是一起典型的颠倒黑白的判决，在白纸黑字上写得清清楚楚，双方合作建楼，产权四六分配。经法院判决，匪夷所思地变成了产权五五分配。西城区人民法院在没有任何法律依据的情况下，将本案拖延了两年之久，后提请北京市中级人民法院指定管辖，由海淀区人民法院审理本案。一审、二审全部支持五五比例的产权划分。其后，我代表国内贸易部向最高人民法院申请再审，时任主管副院长对本案进行了批示——本案认定事实不清，适用法律不当。指令北京市高级人民法院提审。

本案历经五个法院三个审级，历时五年，国内贸易部终于赢得了胜诉。本案事实清楚、争议不大，却经历了如此诉累，令人费解。这个正义虽来迟了一些，但我们终于等到了。迟到的正义也胜过颠倒黑白，诚然，人民法院以公正和效率作为追求的目标，迟来的正义虽然也是正义，但其司法公信力必将因此而大打折扣。不过值得庆幸的是，当今，影响甚至是左右司法公正的案外因素越来越少，司法公信力正在逐步增强。相信以事实为依据，以法律为准绳的司法理念定将得以进一步落实。

◎ 案件提示

[再审程序的启动]

民事审判监督程序即民事再审程序，指对已经发生法律效力的判决、裁定、调解书，人民法院认为确有错误，对案件进行重新审理的纠正生效错误裁判的法定程序。

其启动方式有如下几类：一、基于审判监督权启动再审，是法院主动启动再审程序。本级人民法院院长及审判委员会、上级人民法院以及最高人民法院在发现生效裁判存在错误时，可以启动再审程序，自行对案件进行重新审理或者指令下级法院对案件进行重新审理。

二、基于检察监督权启动再审，即人民检察院作为法律监督机关通过抗诉形式启动再审。人民检察院在对民事审判活动进行法律监督的过程中，认为生效裁判存在错误的，提请人民法院进行再审，人民法院对案件进行重新审理。

三、基于当事人诉权向人民法院申请再审，人民法院经审查，认为符合再审条件，原裁判确有错误的，可以裁定中止原裁判的执行，对案件进行重新审理。诚然，并不是所有基于当事人诉权提出的再审申请都能够启动再审程序，这与前两种启动再审的方式不同，其没有启动再审程序的必然性。值得注意的是，再审程序不是诉讼程序的必经程序，一般情况下，案件经过一审、二审程序便审理终结。

[诉的分类]

民事诉讼法学将诉分为三大类：确认之诉、形成之诉以及给付之诉。

一、确认之诉是指请求法院确认某种法律关系存在（肯定/积极的）或者不存在（否定/消极的）的诉。本案涉及的情形，就是典型的不动产确认所有权之诉，即就房屋所有权归属问题产生分歧时，权利人基于是房屋所有权人这一法律事实向法院提起请求确认房屋所有权的诉讼。

确认之诉在一定程度上而言是为给付之诉服务的，例如，在对某房屋所有权归属产生争议时，首先确认房屋所有权归谁，之后被法院确认的房屋所有权人才能进一步向法院提出诉求，请求侵权人为一定行为或者不为一定行为，从而达到维护自己合法权益的目的。

二、形成之诉，又称变更之诉，是指请求法院改变或者消灭现存的某种法律关系的诉。其诉讼基础是形成权，多是需要通过诉讼方式行使形成权，例如撤销买卖合同之诉。

三、给付之诉是指请求法院责令义务人履行一定的实体义务（履行的方式可以是积极作为也可以是消极的不作为），以实现自身的合法权益。其诉讼基础是请求权，例如民间借贷纠纷中，债权人在债务履行期届满后请求债务人还本付息。

> 这个案子是我执业以来接办的第一起重大刑事案件，我作为被告刘某的二审辩护律师出庭为其辩护。从老百姓朴素的认知来看，我并没有"打赢官司"，但是在"严打"这一特殊的历史背景下，这个案子对保护被告在刑事诉讼过程中的诉讼权利，推动司法进步，坚持刑法基本原则以及拓展我律师职业生涯的宽度均有着重要意义。此外，本案对我处理涉嫌故意伤害类刑事案件尤其有着重要的指导意义。

初来乍到，初涉刑事要案
——刘某故意伤害案

◎ 案例索引

公诉机关　北京市人民检察院分院

被告人　刘某（男，时年25岁，北京市人）、刘二（化名）

被害人　李文（化名，男，殁年28岁）

案由　故意伤害

一审法院　北京市第一中级人民法院

二审法院　北京市高级人民法院

◎ 案件追踪

1994年9月20日早7时许,被告的弟弟刘二驾驶面包车由北向南行至北京市朝阳区定福庄路。在躲闪对面来车时,将同向而行的骑车人李文刮倒。刘二从后视镜看情况,觉得没多大事儿,便继续驾车前行。行至朝阳区朝阳路建工饭馆附近,李文骑车追上面包车并拦车质问刘二,刘二将车靠边停下,并提出给钱让李文去医院看病,李文不同意。双方争执不下,围观群众越来越多,李文的几个同乡也参与其中。与刘二同车的人下车去找救兵,叫来了刘二的哥哥刘某,刘某闻讯后赶到争执现场并询问事情经过,在得知事情的起因后,刘某提出让李文上车到附近的民航医院看病,并上车将车发动。这时刘二让李文上车,李文不上,双方动手打了起来,刘某下车同其弟与李文扭打起来,扭打过程中,刘某用刀刺中李文背部。后二人驾车离去。李文因肺部被刺破造成急性失血性休克死亡。

北京市人民检察院分院以被告刘某犯故意伤害罪向北京市第一中级人民法院提起公诉。公诉机关起诉指控,被告人刘二于1994年9月20日7时许,驾车将骑自行车的李文刮倒碰伤。为此,双方发生争执。被告人刘某闻讯持刀赶来,伙同刘二与李文互殴,被告刘某持刀刺中李文的背部,造成李文肺部被刺破致急性失血性休克死亡。

北京市第一中级人民法院经审理认为:被告人刘某持刀故意非法侵害他人身体健康,致人死亡,其行为已构成故意伤害罪,犯罪情节恶劣,严重危害社会治安且系致人死亡,主犯必须严惩,被告人刘二无视国法,驾车刮倒碰伤他人后,不但不通过正当途径解决问题，反而伙同被告人刘某故意损害他人身体健康，其行为已构成故意伤害罪，情节恶劣，鉴于其系本案从犯，故比照主犯减轻处罚。北京市人民检察院分院指控被告人刘某、刘二的犯罪事实清楚，证据确凿。被告人刘某的辩解没有事实依据，不予采信。其辩护人的辩护意见没有事实和法律依据，理由不能成立不予采纳。根据刑法和民法通则的规定，北京市第一中级人民法院以故意伤害罪判处刘某死刑并赔偿附带民事诉讼原告人李业（化名）、孙花（化名）人民币 3000 元整。

被告刘某不服，以一审量刑偏重为由向北京市高级人民法院提起上诉。被告刘某的哥哥委托我作为刘某的二审的辩护人，出庭为其辩护。

在"严打"的大历史背景下，北京市高级人民法院经审理作出终审判决：上诉人刘某无视国法，持刀故意伤害他人身体，致人死亡，其行为已构成故意伤害罪，犯罪情节恶劣且系致人死亡的主犯，必须依法严惩。刘二驾车刮倒碰伤他人后，不但不通过正当途经解决问题，反而伙同刘某故意伤害他人身体，其行为已构成故意伤害罪，情节恶劣，鉴于其系本案从犯，故可比照主犯减轻处罚。经查，刘某持刀向李文身体要害部位猛刺，致李文当场死亡，其伤害的故意明显，刘某所提"我没有伤害的故意"的上诉理由不能成立，要求从轻处罚不予准许，应予驳回。刘某无任何法定从轻、减轻的情节，其辩护人的辩护意见缺乏事实和法律依据，不予采纳。原审判决根据刘某、刘二的犯罪事实、犯罪的性质、情节、后果和对于社会的危害程度，对他们所作的判决，定罪及适用法律正确，量刑及附带民事赔款的处理适当，审判程序合法，裁定驳回刘某的上诉，维持原判。

◎ 二审辩护词品鉴

尊敬的审判长、审判员：

我受本案被告刘某的委托，北京市北斗律师事务所的指派，依照《刑事诉讼法》第26条的规定，担任刘某故意伤害一案的二审辩护人，依法出席本案的二审法庭。

通过阅卷，会见被告，到现场实地查看，询问相关目击证人及刚才的法庭调查，我对本案有了较为全面的了解。根据法律规定，结合本案事实，我发表如下辩护意见，请法庭量刑时考虑。

一、关于本案的基本事实

1994年9月20日上午7时许，被告刘某的弟弟刘二驾驶面包车自北向南行驶在北京市朝阳区定福庄路上，车上坐着搭车的同乡刘秀（化名）。在行驶至北京五建公司搅拌站附近时，因躲闪前面来的大车，将在右侧同向而行的骑车人李文刮了一下。刘二从后视镜看觉得没事，便开车继续前行。在行至北京第二外语学院门前的丁字路口红绿灯处停下，这时李文骑车赶上，并叫刘二下车，说你的车将我人碰了。刘二说我没碰你，是你碰了我的车，双方争执起来。因当时正值上班早高峰期，刘二怕影响后面车辆通行，准备将车开到路边停车解决此事，这时李文用自行车横在面包车前不让走。刘二将车熄火后，对李文说，我给你10块钱你自己看看，我还得上班，李文说10元不行，刘二说给20元成吗，李文仍不答应。争执中，李文的两个老乡也加了进来。

刘二看对方人多怕挨打，便让坐在车里的刘秀去叫其哥哥刘某。刘秀迅速跑到刘某所住的门市部，告诉刘某说你弟弟惹麻烦了，你快去看看。刘某怕弟弟吃亏，随手拿上未开鞘的刀赶到出事地点。刘某见其弟正与几个人争吵，便上前问出了什么事，这时李文与刘二互指责碰车，刘某说先到附近的民航医院看病，然后再说。随即上车，启动发动机，顺手将带鞘的刀放在车上。此时车下的刘二拉李文上车去看病，李文不上车，二人扭在一起。刘某见状，拿带鞘刀下车并朝李文的头打了一下，此时刀鞘已脱落，转身告诉李文的两个同乡不要动手，回头时，见其弟已被李文压在身下，刘某怕其弟吃亏，用刀朝李文的背部刺了一刀，然后上车离开了现场，走时见李文欲坐起。刘某和刘二先到了刘某的住处，刘二即开车上班了。刘某回到门市部，感到事态严重，立即打车回乡找同村的李明（化名）和王强（化名），告诉他们他扎人了，让他们赶紧去现场将伤者送医院抢救。然后三人迅速同车返回，在距离现场约30米时，刘某先下了车，待李明、王强二人赶到现场后，见被害人李文已死了。李明还见到了管庄派出所的黄所长。刘某下车后，打车到其弟单位，对其弟说事态严重，得先出去躲躲。于是二人又回到村里，从朋友那里拿些钱说去天津做买卖，二人坐车从天津到济南后到武汉。在武汉被抓获。上述事实有被告陈述、证人证言为证。

二、本案的起因是由于被害人长时间纠缠

从现场来看，定福庄路宽仅6米左右，当时正值早晨上班时间，刮蹭时被害人并未完全摔倒，而是自行车倒了，人处于膝盖着地的状态。被害人李文的伤势怎么样呢？从以下几点我们可以得出结论：

1. 从案卷照片看被害人的自行车完好无损；

2. 刘二开的面包车右侧后并无刮痕；

3. 从道窄车多能被自行车追上的情况看，当时车速不会太快；

4. 被害人能骑出 500 米远追上，说明其伤势不重；

5. 从"两膝关节处及小腿近侧可见条、皮状表皮剥落"的鉴定结论看，前面说明被害人并未完全倒地，后面说明被自行车刮伤。

综上，被害人的伤势并不重，如此小事给钱不成，医院也不去，那最终如何解决呢？辩护人无意指责被害人有什么过错，辩护人对被害人深表同情和可惜，但不能不遗憾地指出，由于被害人在这件小事上不依不饶，也是导致本案发生的一个诱因。

三、原审认定事实不清

1. 原审认定"被告刘某闻讯持刀赶到，与李文争吵，并首先动手打李文"的表述不符合事实。事实是刘某到后首先问明情况，得知李文被碰后，提出去附近的民航医院。因此刘某是力争平息事态，解决问题，而不是判决认定的来即争吵并首先动手打人。

2. 原审认定"后又伙同被告人刘二与李文互殴。互殴中，被告人刘某持刀刺中李文背部，致李文肺部被刺破，急性失血性休克死亡"不符合事实。辩护人认为，原审对这部分事实的认定对本案的定性至关重要。究竟是互殴，还是刘二被打，刘某刺被害人时，当时被害人处于什么状态。原审卷宗中三个证人即被害人的两个同乡和刘秀中关于这一情节的陈述是相互矛盾的。从证据的证明力看，两个老乡属于目击者，但两人陈述不仅不一致，同一人在不同的询问中表述也不一样。而刘秀的证词只反映一段，刘秀后期不在现场。从辩护人了解的情况看，刘某刺被害人时，其弟弟刘二处于被打状态处于劣势。从身高、体力来看刘二相对瘦弱，正是其弟弟处于被打的劣势情况下，刘某才从背部扎被害人一刀。目击证人么东（化名）的证词证明了上述事实。"互殴"显然缺乏事实依据。因此，本案在关键事实上认定不够准确，请二审法庭予以查明。

四、原审法律适用不当

辩护人认为，本案不应适用全国人大常委会《关于严惩严重危害社会治安的犯罪分子的决定》（下称《决定》）第1条第2项，而应适用《刑法》第134条第2款。理由是：《决定》强调的是情节恶劣，而本案从案发各方面看不应属于情节恶劣。从法理上讲，犯罪情节是指不构成犯罪要件的其他因素。情节指的是犯罪的主观动机、作案时间、地点、手段等。情节是事物发生变化的过程而不是结果，如主观恶性大、多次作案、手段残忍，属情节恶劣。而本案不属于这种情形。

1. 从犯罪动机看，刘某不想伤李文，刘某与李文素不相识没有恩怨，只是怕其弟吃亏，抱着解决问题的态度而去，因被害人与其弟长时间争执导致这一后果。刘某虽持刀而去，但从其拿刀的方式看（放在背后），说明他最初没想伤害李文，只是在不得已时进行自卫。

2. 从刺伤的部位和手段看，刘某上车后见其弟与被害人扭打，下车后用带鞘的刀打了被害人头部一下，从法医鉴定看，被害人头上无伤，可见其打击的强度，仅仅是想让被害人松手，在被害人与其弟继续扭打在一起时，刘某便向被害人后背刺了一刀。从刺的部位看，并不是被害人的要害部位，仅仅是一刀。

3. 从犯罪后的心态看，刘某离开现场后感到事态严重，便立即打车回乡通知李明和王强去救被害人。李明和王强的证词证明了这一点，尽管其没有主动施救，但他能尽快通知他人去把被害人送到医院的动机是好的，尽管二人到现场后被害人已死，未能救助。这与犯罪时置后果于不顾、置之死地而后快的心态是相反的。这至少说明刘某在主观上的悔过，他不愿出现现在的后果。

4. 从犯罪的性质看，刘某属于激愤伤人，是在其弟被打处于劣势的条件下而实施的，这与那种精心策划是有本质区别的。

本案能表明情节恶劣的唯一情况是逃走，对逃走能否认定情节恶劣，辩护人认为不能简单看这个问题。刘某逃走是感到自己犯下了罪行，又慑于法律的威严，这是一种不懂法的矛盾心理体现。逃走的目的是逃避法律制裁，从刘某被抓获后表现看，他能如实坦白自己的犯罪事实，这与逃走的真实目的是不一致的。因此，本案中不能简单认定逃走是情节恶劣的表现。

五、被告具有法定和酌定从轻或减轻情节

1. 被告认罪态度好，能如实坦白自己的罪行。辩护人要说明的是，二人逃走就约定由其弟承担法律责任，这又是一种不懂法的表现。理由很简单，刘某是家中的主要劳动力又有好多事情要做，弟弟年轻坐几年牢没什么，就是这种想法。这种兄弟之间的同盟对他们来说是残酷的，但不是不承认罪行，而是由谁承担。辩护人表示理解，但这是法律所不允许的。在后来审讯中刘某还是如实坦白了自己的罪行。刘某能检举他人犯罪，刘某检举郭红（化名）窃车，杨浩（化名）吸毒，这是立功的表现。辩护人希望有关部门尽快查实。

2. 刘某平素表现良好，之前无任何违法犯罪记录，单位同事及同乡人均反映该同志平素一贯表现良好，懂事、仁义，为人和气，助人为乐，事出有因，出事很偶然，大家都感到很惊讶和惋惜。他不是那种严重违反社会治安的犯罪分子，更不是横行乡里的地痞流氓，也不是那种罪大恶极不杀不足以平民愤的罪犯，他与那些人有着本质区别。辩护人希望合议庭量刑时能给予考虑。

3. 刘某在开庭中也反复表示，希望法庭能给予机会，能够给被害人家属经济上和精神上的补偿。辩护人恳请法庭考虑这一点。

4. 刘某在家中排行老大，是家中的主要劳动力，家里有多病的父母和85岁的老奶奶，三位老人至今不知一审判决，怕老人经受不住，他还年轻，刚刚走向社会，由于一时冲动犯了罪行，法庭应该给他一次重新做人的机会。

审判长、审判员，在严厉打击犯罪分子嚣张气焰的今天，事实和法律仍然并永远是我们的审判基石。罪刑法定，罪刑相适应，惩罚与宽大相结合是我国刑法的基本原则，任何扩大解释，偏离法律的做法都是与"严打"的精神相背离的。本案案发1994年，迄今已近三年，本案被告不是那种严重违反社会治安的犯罪分子，他既不是黑社会团伙，也不是涉枪犯罪的主犯，更不是吸毒犯罪的主犯。该杀的杀掉，民心称快；不该杀的杀了，只能叫人惋惜。本案的被告仅仅是一个一时冲动伤害他人并造成严重后果的失足青年，他不是罪大恶极的罪犯，他应该有重新做人的机会。

综上，辩护人恳请二审法院在量刑时能充分考虑辩护人的意见，对此案作出公正的终审判决。

此致

北京市高级人民法院

辩护人：北京市北斗律师事务所

刘福奇律师

1996 年 5 月 29 日

◎ 案例评析

值得提示的是，本案事发于 1994 年，二审在 1996 年进行，正值中国司法历史上的"严打"时期。1983 年 7 月，邓小平向公安部提出："对于当前的各种严重刑事犯罪要严厉打击，判决和执行，要从重，从快；严打就是要加强党的专政力量，这就是专政。"与此同一时期，全国人大常委会颁布了《关于严惩危害社会治安的犯罪分子的决定》（直至 1997 年修订的《中华人民共和国刑法》施行之日起，该决定才予以废止）和《关于迅速审判严重危害社会治安的犯罪分子的程序的决定》。前一决定指出"可以在刑法规定的最高刑以上处刑，直至判处死刑"。

本案被告刘某触犯了当时《刑法》的第一百三十四条故意伤害罪，其第二款规定："犯前款罪，致人重伤的，处三年以上七年以下有期徒刑；致人死亡的，处七年以上有期徒刑或者无期徒刑。"显然，刘某被判处死刑的依据是"犯罪情节恶劣，严重危害社会治安且系致人死亡，主犯必须严惩"。这种带有浓厚政治和军事色彩的"严打"活动，对于罪刑法定、罪刑相适应的刑法基本原则无疑是巨大的挑战。

在生产力水平低下、民主法治不健全、人民群众法律知识欠缺且人权意识淡薄的历史环境下,"严打"这一刑事政策与《刑法》一体,甚至是"政策"大于"法律"的司法实践容易导致罪刑失衡、司法不公。每每回顾这个案子,我都在思考,为什么要有"严打"这一概念?是徒法不能自行吗?是执法力量不足?还是对犯罪分子的心理战术……对此,我一直比较困惑。但毫无疑问,这是与刑法的基本原则相悖离的。我衷心希望"严打"成为一个历史概念。值得欣慰的是,在当今依法治国的大环境下,我国《刑法》修正案九已经登上了司法舞台,开始施行。相信,在当今司法环境下,刘某案的处理结果会更乐观,人民群众会在每个具体司法案件中感受到公平正义。

这个案子于我个人的律师职业生涯而言,也具有着非凡的意义。这是我代理的第一起重大的刑事案件,办理该案的最突出的感受是:时间紧,任务重,责任大,形势危。

时间紧——从接案到开庭,有效工作时间仅为一天半;任务重——在一天半的有效工作时间内,我需要认真完成阅卷、有效会见被告、走访案发现场并询问相关当事人和目击者;责任大——人命关天,更何况我的当事人还是家中的主要劳动力,每个细节都要认真对待;形势危——当时正处于"严打"期间,代理意见需要经司法局备案。值得一提的是,我为刘某作出的罪轻辩护意见得到了主管部门的支持与肯定。遗憾的是,在当时特殊情况下,有利于被告刘某的证人未被允许出庭做证,尤其是涉及被告刘某的救助情节未能在庭上质证,其具有悔过表现的主张没能得到有效证实。此外,我的发言也多次被制止。试想，如果案子发生在今天，正当防卫等违法阻却事由都值得作为辩护思路进行考虑，为当事人争取最大限度的合法权益。

◎ 案件提示

1. 作为重大刑事案件的二审辩护人，首先要明确是否认可一审法院判决的罪名。本案中，在认可罪名的情况下，再明确对当事人进行罪轻辩护，从量刑角度切入，制定辩护方案，确定辩护词的基调以及辩护方向。力图为当事人争取最大的合法权益。例如，在看守所会见当事人刘某时，我曾几次询问刘某是否掌握他人犯罪的重大线索，争取立功表现。

2. 在接到重大刑事案件且时间紧迫的情况下，有效会见当事人是关键。在短时间内获得当事人的信任，与当事人进行与案情紧密相关的对话、交流。此外，辩护人会见时向当事人的提问，应该是辩护人反复思考案情而精心准备出来的并以此作为主要的问题开展谈话。

3. 走访案发现场，寻找目击证人了解情况，有效还原案发经过，为辩护词的形成提供充分而有效的证据材料。例如，上述辩护词的第一、二小节，有关基本案情的回顾以及对被害人伤势情况的论述都是以我实地调查获取到的一手材料为依托。这样，为当事人主张最大限度的合法权益才是有依据、有底气的。

4. 二审刑事案件辩护词对基本案情的叙述应该斟酌用词，要力图站在当事人的角度还原案情经过，如我在这篇辩护词中有关案情回顾的用词。

5. 对于刑事案件的辩护，辩护律师需要将众多工作进行有效协调——与己方当事人进行有效沟通；与公诉机关进行智慧的对抗；向法院全面、客观地呈现案件真实情况；迅速而精准地确定案件所适用的法律……诚然，所有工作的开展都应该建立在确保自身安全的基础上进行。在特定的司法环境下进行辩护，体力、勇气、理性、智慧、果敢与强烈的正义感、责任感缺一不可。

6. 对于律师职业的热忱与坚守对于正义的追求与渴望，都是支撑刑事辩护律师前行的动力。

> 工作中，妇女的权益需要得到保护，尤其是处于特殊时期的妇女，其权益更是有国家的特殊法律法规进行特别保护。本案的主人公就是因为休产假与单位产生了分歧，落到被单位除名的境地。我国九十年代中期的法律法规是否已经有相关规定用来维护她的合法权益？她是选择何种途径维护自身权益的？事情是否得到了圆满解决？一场九十年代中期的劳动争议仲裁案将会给予大家答案。

工作维艰，妇女劳动权益之维护
——高某某劳动保护争议案

◎ 案例索引

申请人 高某某（女，时年31岁，通垠信息中心职工）

被申请人 通垠信息中心

案由 劳动保护争议

仲裁机关 北京市西城区劳动争议仲裁委员会

◎ 案件追踪

1994年11月15日，高某某因生孩子在家休产假，依照高某某的认识，按单位休产假的惯例，产假应为半年，此外，加上一个月的晚婚晚育假，共计 7 个月，即假期自 1994 年 11 月 15 日起至 1995 年 6 月 15 日止。

当高某某爱人到单位领取独生子女申请表时，通垠信息中心出具了一份盖有通垠信息中心单位公章的表格交给高某某爱人，其中产假时间一栏为空，而申请表需要夫妻双方单位盖章确认。

1995 年 4 月 13 日，通垠信息中心通知高某某到单位签订劳动合同并告之其产假超期，高某某据理力争，认为自己的产假还没有休完。随后，通垠信息中心以高某某拒不承认错误为由，限高某某 3 个月调离。同年 5 月 24 日，通垠信息中心以高某某连续旷工达 24 天为由将其除名。

高某某不服单位决定，向北京市西城区劳动争议仲裁委员会提起仲裁，要求通垠信息中心撤销除名决定，赔偿相应的经济损失补发 5 个月的工资，通垠信息中心辩称，依据我国《劳动法》和《女职工劳动保护规定》规定，产假期限为 90 天，公司内部文件规定，产假 90 天，晚婚晚育奖励 30 天假期，对此高某某应该知道而其欺骗公司拒不悔改。

经北京市西城区劳动争议仲裁委员调解，双方达成调解协议：一、通垠信息中心收回对高某某的除名决定；二、通垠信息中心自调解书送达之日起三个月内为高某某在原单位安排工作，在此期间通垠信息中心按月发放高某某基本工资（每月 159 元）和国家及企业规定的有关福利待遇；三、通垠信息中心一次性支付高某某自 1995 年 4 月起至 1995 年 9 月止的生活费 900 元；四、仲裁费 80 元，由高某某承担 20 元，通垠信息中心承担 60 元。

◎ 劳动仲裁代理词品鉴

首席仲裁员、仲裁员：

我受本案申请人高某某的委托，依照国务院《企业劳动仲裁条例》第19条的规定，担任高某某诉通垠信息中心劳动争议一案的仲裁代理人，依法出席本案的仲裁庭。根据国家有关劳动的法律法规和本案查明的事实，我发表如下代理意见，请仲裁庭考虑。

、本案争议焦点为产假期限问题

代理人认为，通垠信息中心虽有内部关于产假期限的规定但并未公示，高某某对此不清楚。高某某申请休产假时，单位与高某某双方没有履行正常的休假手续。唯一能体现休产假时间的是单位独生子女申请表一栏注明的"此表由夫妇双方填写，双方单位盖章，由女方单位送户口所在地的居委会核准"。代理人认为，既然需要夫妻双方单位的盖章，就应该有单位要确认的事实，否则这种盖章就失去了实际意义。有待这份申请表确认的主要事实即是产假期限，并以此决定领取独生子女费的起始时间，而该栏本应由女方单位也就是通垠信息中心填写，通垠信息中心对此是应当清楚的。而事实上，当高某某将申请表交与通垠信息中心时，通垠信息中心没有填写休假期间，而是在空白的表上盖了单位印章并写上了"同意"的字样。从法律角度讲，这是一种授权不清的授权行为；从工作上说，这是一种不负责任的行为或者说是一种失职行为。正是由于通垠信息中心工作人员的这种不负责任的行为，才导致双方对产假期间产生误解，也导致了今天的争议。然而，通垠信息中心辩解说此栏其从不填写，因为是不定数。那么代理人要问，作为女方单位不填写此栏,那么应由谁来决定女方的产假期间呢?难道由男方单位或者居委会决定吗?通垠信息中心的说法显然不成立。

二、高某某爱人单位在申请表上填写半年产假并无过错

当高某某爱人周先生将该表交与周先生所在单位计生办时,经办人常处长发现此处空着,以为是女方单位忘填了于是向周先生询问打算休多长时间产假,周说休半年,于是经办人便填写了半年。周先生事后得知休半年产假少领三年独生子女费,还挺后悔。我国《劳动法》规定的产假期限为不少于90天,但没有规定上限。此外,通垠信息中心此前职工的产假依惯例也是半年,因此,高某某填写产假半年是合法的,没有过错。

三、造成双方对产假期限产生分歧的责任完全在于通垠信息中心

通垠信息中心未及时通知高某某按时上班,导致了双方对产假期限的分歧。通垠信息中心既然认为应休四个月(加晚婚奖励一个月),那么在1995年3月17日产假期限届满之前,其应当尽到告知义务。而事实上,在通垠信息中心认为高某某产假已超期一个月的时间内,没人通知高某某上班。直到1995年4月13日,通垠信息中心才与高某某的爱人联系且未提上班的事情,只是通知高某某到单位签订劳动合同。对此,通垠信息中心称由于高某某休假,其工作由他人兼任且办公室人少,没时间通知,这种说法不能令人信服,难道忙到电话都打不了吗?既然高某某的工作如此重要,为何不及时通知其上班而是让其继续"旷工"呢?

四、通垠信息中心对高某某的处罚没有事实和法律依据

代理人认为,通垠信息中心以高某某在1995年3月17日至4月17日期间连续旷工为由,依据《企业职工奖惩条例》将其除名,没有事实和法律依据且是违法的。

首先，高某某无旷工行为。根据劳动法相关法律规定，旷工必须是无正当理由不上班，其主观是故意的。而本案则不同，高某某是在家依法正常休产假，这与无故旷工不能相提并论，只是双方对假期长短理解不同，而这种分歧完全是由通垠信息中心职员工作失职造成的，高某某没有主观恶意。此外，通垠信息中心在没有对高某某进行批评教育的情况下，直接将其除名不符合劳动处罚的正常程序，也就是说通垠信息中心没有给高某某任何改正错误的机会。

其次，该除名决定是严重违法的。我国《劳动法》《妇女权益保障法》《女职工劳动保护条例》《北京市女职工劳动保护条例》都明确规定了对女职工"四期"的特殊保护。依据上述规定，任何单位不得以结婚、怀孕、产期、哺乳期降低其基本工资、辞退女职工或解除劳动合同。通垠信息中心的做法违反了上述规定，请仲裁庭给予纠正。

基于上述理由，代理人认为，通垠信息中心作出除名决定的处理没有事实和法律依据，严重侵犯了高某某的合法权益。高某某的仲裁请求是合法的，应得到仲裁庭的支持。

我的代理意见，请仲裁庭给予考虑。

此致

北京西城区劳动争议仲裁委员会

申请人代理人：北京市北斗律师事务所

刘福奇律师

1995年8月28日

◎ 案例评析

这是一起典型的侵犯女职工权益的劳动争议案件，涉及女职工"四期"的特殊保护。在详细了解案情后，我察觉到本案争议在于双方对产假期限的不同认识，而造成这种分歧的诸多因素中，通垠信息中心职工的工作失职无疑负有不可推卸的责任。

不管是什么单位都应依劳动法办事，而不是凭领导的意志办事，企业的管理层领导要有法律意识，更要有劳动法相关知识。目前我国劳动法相关法律法规日益健全，而劳动者的法律意识和维权意识也在不断提高，作为企业的法定代表人或者业主在涉及员工利益决策时也必须具有法律意识。《劳动法》在西方被称为第二宪法，可见其在法律体系中的重要地位。该案纠纷并不是很激烈，当被申请人法定代表人在庭前看到我的代理意见后，立即表示回去撤销对高某某的除名决定，并补发工资，为其从新安排工作。此案至此圆满结束，不战而屈人之兵。希望任何一个劳动者的合法权益都能得到法律的保障，任何用工单位或者业主都能有意识地尊重劳动者的合法权利。

◎ 案件提示

1. 我国 2009 年修正的《劳动法》第六十二条规定，女职工生育享受不少于九十天的产假。与此同时，2012 年施行的《女职工劳动保护特别规定》第七条第一款规定，女职工生育享受 98 天产假，其中产前可以休假 15 天。以上法律法规对产假的最低期限作了规定，对妇女的特殊权益予以保护。此外，《劳动法》第二十九条第三项也规定了，用人单位不能轻易解除与处于孕期、产假、哺乳期内的女职工之间的劳动合同。

2.《劳动法》第七十九条规定，劳动争议发生后，当事人可以向本单位劳动争议调解委员会申请调解；调解不成，当事人一方要求仲裁的，可以向劳动争议仲裁委员会申请仲裁。当事人一方也可以直接向劳动争议仲裁委员会申请仲裁。对仲裁裁决不服的，可以向人民法院提起诉讼。

由此可见，劳动争议发生之后，既可以向本单位的劳动争议调解委员会申请调解，也可以向劳动仲裁委员会申请仲裁。然而选择向人民法院起诉的，需要以劳动仲裁作为前置程序。

3.《劳动法》第八十二条规定，提出仲裁要求的一方应当自劳动争议发生之日起六十日内向劳动争议仲裁委员会提出书面申请。仲裁裁决一般应在收到仲裁申请的六十日内作出。对仲裁裁决无异议的，当事人必须履行。第八十三条规定，劳动争议当事人对仲裁裁决不服的，可以自收到仲裁裁决书之日起十五日内向人民法院提起诉讼。一方当事人在法定期限内不起诉又不履行仲裁裁决的，另一方当事人可以申请人民法院强制执行。对仲裁时效、仲裁案件审理期限以及向法院起诉的期限都进行了明确规定。

> 当今,在涉及合同纠纷时,法院本院认为部分经常有某合同"是当事人的真实意思表示,不违反法律法规的强制性规定,是合法有效的合同"等类似表述。而在具体案例中,什么样的合同才是因违反强制性法律法规而无效的合同呢?合同无效的情形又有哪些?此外,解决此类案件的途径是否仅有诉讼一种,有无更优解决方法?相信本篇可以使大家对此有更深层次的理解。

合同无效?绝非易事

——房屋租赁合同纠纷案

◎ **案例索引**

原告 八达岭皮鞋公司
被告 康芙实业公司
案由 房屋租赁合同纠纷
一审法院 北京市东城区人民法院

◎ **案件追踪**

1993年11月15日,八达岭皮鞋公司和康芙实业公司签订了一份

《经济合作补偿合同》。双方约定，合作期限为18年。八达岭皮鞋公司出场地，康芙实业公司出资金，康芙实业公司每年支付八达岭皮鞋公司415万元经济补偿金，并为此作了公证。

签约后，八达岭皮鞋公司将房屋交给了康芙实业公司并履行了相应的义务，康芙实业公司也投入大量的资金对经营场所进行改造并注册成立了北京康芙宫娱乐城。康芙实业公司除了第一年按期足额向八达岭皮鞋公司支付了经济补偿金外，第二年仅付了270万元，剩余的145万元迟迟未付，八达岭皮鞋公司多次找康芙实业公司协商未果，于是向北京市东城区人民法院提起诉讼，要求终止协议并支付经济补偿金。

康芙实业公司委托时于北京市北斗律师事务所的孙群梅律师以及我代理本案。

本案经北京市东城区人民法院调解最终达成和解协议，案件至此终结。

◎ 一审代理词品鉴

审判长、审判员：

我们受本案被告康芙实业公司的委托，北京市北斗律师事务所的指派，担任八达岭皮鞋公司诉康芙实业公司房屋租赁一案的委托代理人，依法出席今天的一审法庭。根据法律的规定，结合本案事实，现发表如下代理意见，请法庭考虑。

一、原、被告签订的《经济合作补偿合同》实为租赁合同

原、被告于1993年11月15日签订的《经济合作补偿合同》，就其条款的内容看，不是法律意义上的合作，"合作"是一个外延较广的概念，而不是明确的法律概念。法律意义上的合作是指双方共同投资、共同经营、共担风险、共负盈亏。而上述合同根本不具备上述法律特点，这种合作只是一种文字表述而已。代理人认为该合同就其实际内容看，应认定为租赁合同，因为合同条款明确规定原告提供房屋供被告使用，其并不参与经营活动，不管被告盈与亏原告每年收取固定的经济补偿金——实为租金。从双方签订的补充协议及原告开具的发票上也证明了这一点。因此，这是一份变相的租赁合同。

二、该合同因违反国家的法律、法规而无效

首先，该合同违反了国家有关税收法律。以合作形式变相租赁，其目的就是偷税逃税。这是城市房屋租赁市场中一种常见的规避税款的形式，也是当前税务执法部门难以界定的问题。无疑，法律意义的合作意味着"四共"，对外则是一个纳税主体，这样承租方给付出租方的租金就成了合作方的内部资金往来，当然不发生对外纳税问题。相反，如果以租赁形式出现，则不论出租方和承租方均应依法纳税。出租方收取的租金应交纳相应的所得税。

反观本案，恰恰出现了这种情形。在合同履行的两年中，被告已实际支付原告678万元人民币的租金，而原告开具的全部是资金往来发票而不是正式的纳税发票，如果说双方在履行初开具这种发票还可理解的话，那么从1994年底至1995年度，原告一直开具这种票据，则显然违反了《中华人民共和国会计法》相关规定。这恰好能证明原告在故意偷税，根据《中华人民共和国企业所得税法》的规定，原告的偷税数额约223万元，其数额特别巨大。这已不是一般违反税法的问题，根据《全国人大常委会关于惩治偷税、抗税犯罪的补充规定》，本案的性质已不言自明。

其次，该合同没有依照相关法律、法规进行登记备案。《中华人民共和国房地产管理法》（1995年1月1日实施）、建设部颁布的《关于城市公有房屋管理规定》（1994年4月1日）以及《北京市政府关于城市公有房屋管理的若干规定》[京政发（1987）109号]均对房屋租赁行为作了明确规定。根据上述法律法规的相关规定，城市房屋租赁属于要式合同，须到房屋所在地的房管部门办理登记备案手续，不得以各种形式变相出租房屋，违者将给予处罚。

代理人认为，对房屋租赁实行备案制度不仅是法律手续完备的问题，更是体现房管部门对房屋租赁行为的一种监督和管理，是国家对国有资产行使监督权的一种体现。因为房屋虽属不同的利益主体，但是城市的土地归国家所有，而房屋和土地又是密不可分的，因此，租金中必然含有土地收益的成分，而这种收益应归国家所有，应由国家行使权力。以本案为例，如果该房屋不是地处北京二类地区，其年租金会有这么高吗？那么国家的收益如何保障呢？城市国有土地的有偿使用又如何体现呢？

综上，这份合同因违反强制性法律的规定而无效。尽管该合同已经过公证，但并不能改变其违法的事实，何况公证又是可以依法撤销的。如果法庭认定这份合同有效并应该继续履行的话，那么则意味着法律将继续允许原告以合法的外衣进行偷税的违法行为，国有资产将进一步流失，国家利益将进一步受到侵害。

三、双方应以务实的态度解决目前的争议

避开别的不谈，近几年，国家的宏观经济环境变化较大，我国

房地产市场经历了较大的波动。本案从一个微观角度反映了这一状况，双方签约时，也正是我国经济环境过热的时候，北京地区写字楼供不应求。从1994年国家采取宏观调控政策，房地产市场由过热转向低潮，这种国家宏观政策的调整必然带来局部利益的波动，这即是本案发生的社会经济背景。这种变化是被告签约时无法预料的，也是远远超出了正常的商业风险的。就目前的经营状况而言，被告的全年收入尚不够支付当年的房租。考虑到被告前期进行了较大的投入以及双方是长期合作，原告应体谅被告的处境，重新理顺双方的租赁法律关系。随着经济形势的逐步好转，市场将走向良性循环，被告会逐步走出困境，代理人希望双方应以务实的态度化解纠纷，同时恳请法庭多做调解工作，使本案得以妥善解决。我们的代理意见，请法庭给予考虑

此致

北京市东城区人民法院

被告委托代理人：北京市北斗律师事务所
孙群梅律师
刘福奇律师
1996年6月8日

◎ 案例评析

通过本案可以看出，诉讼不是解决问题的唯一方式。诉讼存在风险，包括败诉的风险，举证的风险，执行的风险等。一旦涉及诉

讼要请律师而且要请好律师，有些国家规定诉讼必须请律师，也就是诉讼的律师垄断。我国法律规定不论刑民都可以公民代理。因为诉讼是一件很专业的事情，就民商事案件而言都有调解的可行性，任何争议都可能落到双方利益交叉的平衡点上，只要双方理性看待自己权利的边界。之所以有争议是因为双方存在不理性的沟通，或者由于种种差异双方对结果的预想偏差较大。作为律师也不希望当事人凡事都走上法庭，挑词架讼是律师执业操守所不许的。坊间的"一朝官司十年冤""屈死不告状"都说明了这一点。人民法院今后要把调解工作作为司法为民的重点，调解实现了人们心目中的公正，利于缓和社会关系也便于执行。

诚然，调解是建立在双方平等的基础上的，但平等的背后是法律关系和诉讼风险的较量。调解是表象，其背后是法律关系的较量。譬如本案，这份名为《经济合作补偿合同》实为房屋租赁合同的合同，实际上是在以合法的形式掩盖偷税的非法目的。在合同的履行过程中，康芙实业公司虽然在房租给付上缺失存在过错，但是其承担违约责任的前提是合同合法有效。而我方在庭审过程中恰是明确指出涉案合同存在违反强制性法律规定，因而损害了社会利益、国家利益的情况。正因如此，才使得案件的调解具有可行性。如果说我方不明确指出这份协议的违法性，不能为当事人厘清诉讼的利害关系，能有调解结案的可能吗？说服当事人需要有理有据有节，做到客观、公正和可行。案件的调解，需要律师在双方利益较量过程中，寻找到利益平衡点，从而使双方当事人达到"双赢"的理想状态。

◎ 案件提示

[合同无效]

我国《合同法》第五十二条规定，有下列情形之一的，合同无效：（一）一方以欺诈、胁迫的手段订立合同，损害国家利益；（二）恶意串通，损害国家、集体或者第三人利益；（三）以合法形式掩盖非法目的；（四）损害社会公共利益；（五）违反法律、行政法规的强制性规定。

由上可知，我国现行合同法明文规定了五种合同无效的情形，其共同特点在于无效的合同其规定损害了国家利益、集体利益或第三人利益。这也是要令合同归于无效的原因。合同本是当事人意思自治的法律行为，一般情况下，只要双方合意且不违反其真实意思表示即可有效。法律之所以明文规定合同无效的情形，其意图并非想去干涉合同当事人的私人意志，而是为了维护国家利益、集体利益或第三人利益不受合同主体的法律行为所侵害。

此外，《合同法》第五十三条规定，合同中的下列免责条款无效：1.造成对方人身伤害的；2.因故意或者重大过失造成对方财产损失的。所谓免责条款是指合同的双方当事人约定的，为免除或限制一方或双方当事人未来责任而制定的条款。现今的免责条款在合同中常见，这本是意思自治的范畴，法律之所以对此类条款的效力进行约束是为合同当事人的人身、财产提供必要的保护，从而维护社会秩序的稳定。

[违反法律、行政法规的强制性规定]

《最高人民法院关于适用〈中华人民共和国合同法〉若干问题的

解释》第十四条规定,合同法第五十二条第(五)项规定的"强制性规定"是指效力性强制性规定。此外,《最高人民法院关于当前形势下审理民商事合同纠纷案件若干问题的指导意见》(二〇〇九年七月七日法发〔2009〕40号)第五条关于正确适用强制性规定,稳妥认定民商事合同效力规定,正确理解、识别和适用合同法第五十二条第(五)项中的"违反法律、行政法规的强制性规定",关系到民商事合同的效力维护以及市场交易的安全和稳定。人民法院应当注意根据《合同法解释(二)》第十四条之规定,注意区分效力性强制规定和管理性强制规定。违反效力性强制规定的,人民法院应当认定合同无效;违反管理性强制规定的,人民法院应当根据具体情形认定其效力。

　　判断合同是否违反效力性强制规定,可以综合以下几点进行认定。一、合同行为本身是否属于法律、行政法规规定的禁止性规定,即法律、行政法规明确规定违反该规定合同将无效或合同不成立。二、在法律、行政法规对此没有明文规定时,履行合同是否将损害国家利益、社会公共利益或第三人重大的利益。如果继续履行合同,只是损害了当事人自身的利益,则不能当然地认定合同无效;如满足《合同法》第五十三条规定的关于免责条款无效的情形,则合同当然无效。三、当履行合同明显违反了法律、行政法规的强制性规定时,在经过国家行政管理、制裁,通过一定的行政审批手续后,是否符合法律、行政法规的要求。如果具有符合法律、行政法规的可能性,则不能轻易认定合同无效。

> 合同一般情况下是双方当事人协商达成的合意,是意思自治的体现,涉及当事人之间的配合。然而,在合同的实际履行过程中,会有很多影响因素存在,影响着合同的履行。在合同履行期届满之前,一方明确表示或者以己方实际行动表示将不再继续履行合同,守约方应该如何采取行动维护自身的合法权益?违约方为此应该承担何种法律责任?我国法律对此是否有明文规定?本篇的大麦购销合同纠纷案件或许能给予大家以启发,提高大家相关的法律风险意识。

合同预期违约,守约方主动出击
——大麦购销合同纠纷案

◎ 案例索引

上诉人(原审被告) 双合盛啤酒公司

被上诉人(原审原告) 粮贸公司

案由 购销合同纠纷

一审法院 北京市第一中级人民法院

二审法院 北京市高级人民法院

◎ 案件追踪

1996年10月3日，粮贸公司与双合盛啤酒公司签订了一份大麦购销合同。合同约定，由粮贸公司向双合盛啤酒公司提供澳大利亚二棱啤酒大麦4000吨，单价2385元/吨，付款方式为双合盛啤酒公司在合同签订后三日内预付5%的货款；货物起卸后一星期内，双合盛啤酒公司付清全部货款。货物到港（天津）时间为1997年2—3月。

合同签订后，粮贸公司与香港荣大国际有限公司签订了外贸合同并开具了不可撤销信用证。双合盛啤酒公司未按约定交付预付款并于1996年12月6日向粮贸公司发传真称，"现由于我公司明年生产计划的调整，资金等方面确有困难，我公司原和贵公司签订的九七年大麦四千吨合同无法执行。为避免双方发生不必要的误解，在贵方大麦到港之前通知贵公司，请给予谅解。"

粮贸公司当日传真回复双合盛啤酒公司，"信用证已开，约定应履行。"对双合盛啤酒公司的要求予以拒绝。同年12月20日，粮贸公司再次向双合盛啤酒公司发传真要求其继续履行合同，双合盛啤酒公司未作任何回复。

据此，粮贸公司于1997年1月向北京市第一中级人民法院提起诉讼，要求双合盛啤酒公司赔偿其各项损失，共计190万元。粮贸公司委托时在北京市北斗律师事务所的孙群梅律师和我作为本案的委托代理人。

北京市第一中级人民法院经审理认为，双方于1996年10月3日订立的购销合同，合法有效。双合盛啤酒公司未按约给付预付款且书面表示解除合同，在粮贸公司明确请求继续履行合约之时，态度消极，足以使粮贸公司认为让其继续履行合同已成为不必要，故诉至法院，要求解除合同。粮贸公司诉讼请求正当，法院应予支持。

粮贸公司要求按贷款利息赔偿预付款及货款损失的诉讼请求，因上述两笔款项并非粮贸公司为履行合约而向银行的贷款，不存在利息问题，故法院比照中国人民银行同期存款利息予以考虑。

关于双合盛啤酒公司毁约，致使粮贸公司只能按目前下滑的市场价格处理该批货物而产生的损失问题，双合盛啤酒公司应予赔偿。粮贸公司主张按2385元/吨，作为其计算损失的依据，欠缺事实方面的依据，法院以2100元/吨作为计算粮贸公司损失的依据。粮贸公司主张的仓储费用损失，证据充足，可以认定。双合盛啤酒公司在本案中的答辩没有法律依据，法院不予考虑。

综上，判决：1. 解除双方于1996年10月3日订立的合同；2. 双合盛啤酒公司赔偿因违约致使合同解除而给粮贸公司造成的价格损失114万元；3. 预付款、货款利息损失（按中国人民银行同期存款利率计算，自1996年10月7日，至判决生效之日止）；4. 仓储费9.6万元。

双合盛啤酒公司不服一审判决向北京市高级人民法院提起上诉。其主要的上诉理由是，粮贸公司起诉时，合同履行期限未到，不能履行，因此，不能认定本案系普通违约纠纷。不存在"由于另一方在合同约定的期限内没有履行合同"的事实；我国现行法律对预期违约没有相关规定，一审认定损失的期间和方法有误，合同约定货物于1997年3月24日到天津港在此之前被上诉人已经起诉，被上诉人应该采取措施避免出现仓储等费用；被上诉人于1997年3月10日要求履行合同时，其书面明确告知已将货物作了处理，因此法院认定的利息损失、仓储费不应存在；一审在价格损失上以 2100 元/吨为标准不恰当，应以被上诉人起诉时的市场价格为准，因为被上诉人有义务避免损失的扩大。

北京市高级人民法院经审理认为，粮贸公司与双合盛啤酒公司所签订的购销大麦合同有效。双合盛啤酒公司既未按约定支付预付款，又无正当理由要求解除合同，故粮贸公司要求解除合同，并要求双合盛啤酒公司赔偿由此造成的损失，理由正当，应予支持。粮贸公司提供了仓储费凭证且一审诉讼粮贸公司与双合盛啤酒公司曾协商继续履行合同，由此可以认定粮贸公司确实存在仓储费损失；标的物以 2100 元/吨价格核定，是一审法院在参考双方当事人提供材料基础上咨询了有关部门，予以认定，并无不当。关于粮贸公司给付预付款、货款利息损失，由于购销合同并未实际履行，该项损失未发生，原审判决对此认定有误。

综上所述，双合盛啤酒公司的部分上诉理由成立，应予支持；一审法院部分事实认定有误，应予纠正。根据《中华人民共和国民事诉讼法》相关规定，判决：1. 维持北京市第一中级人民法院（1997）一中经初字第 126 号民事判决第一、二、四项，撤销第三项；2. 双合盛啤酒公司赔偿粮贸公司大麦价格损失 114 万元，仓储费 9.6 万元。

◎ 一审代理词及二审代理词品鉴

[一审代理词]

审判长、审判员：

我们受本案原告粮贸公司的委托，北京市北斗律师事务所的指派，担任粮贸公司诉双合盛啤酒公司购销合同纠纷一案的委托代理人，依法出席今天的一审法庭。根据法律规定，结合本案事实，我们提出如下代理意见：

一、双方签订的购销合同受法律保护

原、被告双方于 1996 年 10 月 3 日签订了一份大麦购销合同。该合同签约主体适格，内容合法，意思表示真实，合同具有法律效力。因此，该合同一经签订，双方必须依约履行，任何一方不得擅自变更和解除。因大麦属农副产品，根据特别法优于普通法的法律适用原则，本案应优先适用国务院《农副产品购销合同条例》的相关规定。

二、被告未支付预付款并在履行期间单方终止合同是一种严重违约行为

被告未按合同约定支付预付款已构成违约，这是无可争辩的事实。在原告向外商开具不可撤销信用证后，被告又于 1996 年 12 月 6 日向原告发来传真，表示"现由于我公司明年生产计划的调整，资金等方面确有困难，我公司原和贵公司签订的九七年大麦四千吨合同无法执行。为避免双方发生不必要的误解，在贵方大麦到港之前通知贵公司，请给予谅解"，这更是一种严重的违约行为。这份传真至少说明以下三点：第一，传真作为被告的真实意思表示，其将不履行合同的态度是明确的，没有协商余地；第二，生产计划的调整不能成为不履行合同的法定事由，说明被告擅自违约，其违约情节是严重的；第三，传真还表明被告对原告因此将受到的经济损失是明知的，说明其主观过错是明显的。对此原告对被告的传真作出回复，明确表示不能接受并告知其不履行合同的法律后果。而被告对原告的传真无任何回复。根据最高人民法院贯彻《民法通则》若干问题意见第66条的规定，被告这种不作为的行为不能视为意思表示。也就是说在法律上不能认定被告这种不作为是同意继续履行合同。相反，被告这种无任何表示的行为就是根本不想履行合同，任何辩解都是乏力的。这使得原告的回复除表明态度外，无任何实际意义。此时，该合同已失去了实际履行的必要。为避免损失的扩大，原告依法提起诉讼是依法维护自身合法权益的行为，应得到法律的支持。

三、被告应承担相应的违约责任

由于被告擅自违约，已给原告造成了相应的经济损失。原告的损失包括预期利润、银行利息、滞港仓储费用等。这些损失是合同正常履行情况下原告应该得到和不应失去的，因而是原告的实际损失。这些损失完全是由于被告违约所造成的，二者具有直接的因果关系。根据《农副产品购销合同条例》（下称条例）第13条规定及《民法通则》第112条的相关规定，被告应承担本案的违约责任。

四、被告以合同在有效期内要求继续履行合同的理由不能成立

被告以合同履行期没到没有违约事实以及违约轻微作为理由不能成立。根据条例的规定，继续履行不是违约方的权利，而是违约方在支付违约金后，在守约方要求下应承担的义务。由于被告的行为已构成违约，据此，原告即可终止合同并提出索赔。代理人注意到被告提出继续履行合同的主张，并不是针对原告诉讼请求提出的抗辩，而是庭外调解的问题，既然是调解那就应当遵循自愿的原则并判断有无继续履行的必要。此外，被告认为原告起诉后的损失属于扩大的损失不应由其赔偿的理由同样不能成立。首先被告承认起诉后的损失同样是客观存在的，只不过是谁来承担的问题。我国法律规定了损害赔偿要遵循因果关系。而本案不管诉前和诉后的损失都是由被告的擅自违约造成的，原告在本案中无任何过错，原告提起诉讼正是为了避免损失的扩大，是维护自身合法权益的行为。起诉不是损失扩大的原因，让原告承担损失更没有法律依据。

以上意见，请一审法庭考虑。

此致

北京市第一中级人民法院

原告委托代理人：北京市北斗律师事务所
孙群梅律师
刘福奇律师
1997 年 5 月 7 日

[二审代理词]

审判长、审判员：

我们受本案被上诉人粮贸公司的委托，作为其委托代理人参加本案的二审法庭。我们认为，原审认定事实清楚，适用法律正确，上诉人的上诉理由不能成立，恳请二审法庭驳回上诉人的上诉，依法维持原判。

一、上诉人"合同履行期限未到，上诉人的行为不构成'一般违约'"的辩称没有事实和法律依据

上诉人的违约事实之一是其自身都承认的未依约支付预付款。这

无疑构成违约。被上诉人据此即可以采取法律手段维护自己的合法权益。上诉人以"轻微违约"为由否认原审的法律适用，认为原审法律适用没有依据，我国《农副产品购销合同条例》中没有轻微违约和一般违约的概念。

上诉人的违约事实之二是1996年12月6日的传真。这份传真是在双方协商未果的情况下发出的，这份传真明确告之我方"原合同无法履行"。从法律角度讲，该传真是上诉人以书面形式实施的一种民事行为，这种行为是上诉人的真实意思表示。被上诉人认为，任何一种行为都是意识支配的结果。如果行为主体不想为这种行为，那么这种即将发生的行为也就不能发生。如果说仅仅凭这份传真还不能完全判断上诉人是否愿意履行合同的话，那么上诉人对被上诉人的两份要求履行合同的传真不作任何回复，就足以说明上诉人不想履约的态度。这种不作为的行为等同于无声的拒绝。如果说上诉人有履行合同的诚意，那么在2—3月的交货期内，在诉讼期间，哪个电话、哪份传真表明其要履行合同？

综上，本案没有任何证据表明上诉人想履行合同。被上诉人为防止损失扩大提起诉讼是正当的，也是正常的。

二、关于预期违约的问题

上诉人的违约事实之二无疑是预期违约行为，所谓预期违约是指合同履行期限未到，一方以声明的形式明确提出其将不履行合同，另一方可以声明对方构成违约而采取法律手段，不必等到履行期届满。法律上之所以规定预期违约，是为了更合理、更灵活地维护无过错一方的合法权益。如果这种声明不能直接发生违约的法律效果的话，那就意味着守约方明知对方到期不能履行合同，也不能采取法律手段维护自身合法权益，因为履行期未到对方没有违约事实或者说违约事实尚未发生，这显然是立法上的疏漏或者说盲区。正如行人见车朝其驶来必然要躲闪而不能坐等事故的发生的道理一样。

法律规定预期违约更能灵活有效地保护无过错方的合法权益，防止规避法律的现象发生。我国《民法通则》第114条隐含了这一立法精神。如果说规定不太明确的话，那么双方应遵循《民法通则》的诚实信用原则。上诉人认为我国法律对预期违约没有规定的理解是片面的，目的是规避法律，逃避责任。何况在司法实践中，还应参照和遵循国际公约和国际惯例。

三、3月24日被上诉人发出的传真与被上诉人的实际损失之间没有因果关系

被上诉人3月24日的传真是对上诉人3月10日传真的回复。在诉讼过程中，1997年3月10日上诉人传真被上诉人要求继续履行合同。由于是在诉讼期间提出继续履行合同的要求，被上诉人对其履行的诚意表示怀疑，故被上诉人在传真中以委婉的方式拒绝了上诉人的要求，当时货物还存放在港口仓储库，根本不存在"货物已经处理"的问题，该传真只能表明被上诉人不愿再与上诉人合作，这与货物的实际损失没有因果关系。

四、关于大麦价格损失

大麦价格在1996年年底到1997年年初急剧下滑，这即是上诉人解约和后来不接货的真实原因，也是本案诉争的焦点。由于大麦实行市场价格，被上诉人只能提供实际签约的价格供一审法庭参考。原审以权威部门出具的价格作为价格依据是比较客观的。事实上这一价格也远不能弥补被上诉人的经济损失。

五、关于损失扩大的问题

被上诉人在货物到港前提起诉讼，实际就是避免损失扩大的一种措施，在被上诉人以书面形式拒绝上诉人继续履行合同的要求时，上诉人又多次口头要求继续履行。被上诉人考虑到今后的合作，也同意按原合同继续履行。为此，双方当事人和代理律师两次面谈继续接货的细节，并在法庭的主持下进行了一次调解，之后上诉人取走小样，并索要原产地证明和商检证明，被上诉人对此全力予以配合。最后上诉人又以无声的方式拒绝接货。因此，上诉人既要接货后又不接，致使被上诉人一直无法处理该批货物，货物一直滞留在港口。如果说这期间加大了价格损失及仓储费用的话，则完全是上诉人的责任。

以上代理意见，请二审法庭参考。

此致

北京市高级人民法院

被上诉人委托代理人：北京市北斗律师事务所

刘福奇律师

孙群梅律师

1997年7月23日

◎ 案例评析

关于预期违约这一概念，是在1999年出台的《合同法》予以明确的。而当时预期违约只是《联合国国际货物销售公约》的概念，国内关于合同的相关法律法规还没有预期违约的概念。从现行法角度而言，双合盛啤酒公司完全可以主张合同履行期未到，没有违约事实发生来进行抗辩。在此情况下，预期违约这一超前的主张是怎么说服合议庭的呢？我们从我国法律中隐含的立法精神，引申到国际公约；从双合盛啤酒公司的默示不能视为意思表示，引出国际市场的价格下跌走势；从国际市场大麦丰收到货物集中到港，指出双合盛啤酒公司解约的真正动机……最后赢得了这场诉讼。

本案的另一问题是当时的《农副产品购销合同条例》规定了5%—25%的违约金，那么本案应如何确定违约金的比例同样是本案的关键技术细节，考虑我国违约金实际是预付赔偿金，根据《民法通则》的填平原则，决定以实际损失作为基本诉求并得到法庭的认可。将法官关注的案件关键问题说清，案件离胜诉也就不远了。

同时要说明的是，二审免除利息责任是正确的。损失是指合同正常履行时应得到的利益没有得到，包括直接利益和期待利益。以本案为例，正常履行价格不会受损也就不存在价格差价；正常履行不会出现滞港的仓储费用；正常履行不会出现因诉讼而支出的费用，以上比较容易理解。那么货款利息为什么没有得到支持呢？涉案货款并没有归粮贸公司所有，因而也就没有这笔货款的利息损失。法律不允许通过违约获利，且不允许减少利益这也是国际惯例，法律规定的是损失多少赔偿多少，也就是填平原则。

本案告诉我们"合约必须履行"。合同签订是件严肃的事情，随意解约意味着法律风险与法律责任。

◎ 案件提示

[预期违约]

又称先期违约,是指在合同履行期限到来之前,一方虽无正当理由但明确表示其在履行期到来后将不履行合同,或者其行为表明在履行期到来后将不可能履行合同。是违约行为的形式之一,预期违约要承担违约责任。

我国现行《合同法》第一百零八条对预期违约进行了规定,当事人一方明确表示或者以自己的行为表明不履行合同义务的,对方可以在履行期限届满之前要求其承担违约责任。预期违约包括明示的预期违约和默示的预期违约,无论是何种预期违约,预期违约的一方都要承担违约责任。

承担责任的形式包括继续履行、赔偿损失、违约金及定金等。(1)继续履行,是指除法律上或者事实上履行不能的;债务的标的不适于强制履行或者履行费过高的;债权人未在合理期限内要求履行这三种情况之外,违约方根据对方当事人的请求,继续履行合同规定的义务。(2)赔偿损失,又称违约损害赔偿、赔偿损害金,是指违约方以支付金钱的方式弥补受害方因其违约行为所减少的财产或者所损失的利益。赔偿损失的数额依合同约定进行确定,没有约定的,赔偿对方当事人因违约行为所遭受的实际损失,包括合同履行后可以获得的利益(即预期利益)。(3)违约金,如合同约定了违约金,就按约定的违约金进行赔偿。约定的违约金低于或者过分高于实际损失的,当事人可以请求人民法院或者仲裁机构进行调整。(4)定金,如果合同涉及定金的交付,则适用定金罚则——给付定金的一方不履行合同,无权要求返还定金;收受定金的一方不履行合同,应当双倍返还定金。定金的数额由当事人约定,但是不能超过主合同标的额的20%。守约方可以依据实际情况选择权利救济形式,要求预期违约方承担预期违约的法律责任。

> 当简单的商事案件涉及刑事要素时，当事人会提出怎样的抗辩理由，来逃避责任？本案涉及两个公司之间的商事贸易往来，但是卖方在收取货款之后被诈骗，试图将损失转嫁于买方，声称经买方授权已将货款转给第三方，既不发货，又拒不退还货款。对此双方当事人是如何展开辩论的？法院是如何进行裁判的？为大家呈现本篇案例评析，希望大家可以有所思考，有所收获。

买卖合同的履行遭遇诈骗，责任如何认定？
——聚丙烯买卖合同返还货款纠纷案

◎ 案例索引

上诉人（原审被告） 辽阳石化公司
被上诉人（原审原告） 雄县工业品公司
案由 买卖合同纠纷案
一审法院 辽阳市中级人民法院
二审法院 辽宁省高级人民法院

◎ 案件追踪

1995年9月，雄县工业品公司法定代表人董强（化名）经辽阳新贸公司张丰（化名）和赵功（化名）等人联系欲购买辽阳石化公司生产的聚丙烯。9月15日，双方在辽阳石化公司的二楼销售科与刘科长商谈履行细节，商定先付款后提货。当日，雄县工业品公司根据辽阳石化公司的进账单，用董强个人办理的牡丹卡向辽阳石化公司账户转账41.5万元。9月18日，辽阳石化公司通知雄县工业品公司货款已到辽化账户，9月19日，雄县工业品公司又以同样的方式将另一笔货款41.5万元转账至辽阳石化公司账户，累计转账货款83万元。

打款完毕后，雄县工业品公司自9月20日开始催货，辽阳石化公司以货源紧张为由推迟。其间，辽阳石化公司以提货需要手续为由，将雄县工业品公司法定代表人身份证及一张空白介绍信要走，不久便将身份证返还。当雄县工业品公司于9月25日再次到辽阳石化公司处催货时，辽阳石化公司财务科告诉雄县工业品公司83万元货款已被张丰提走。雄县工业品公司立即向公安局报案，仅追回10万元货款，其他不知去向。

经查，之前一同商谈货物买卖的所谓的刘科长不是辽阳石化公司职工，是冒充的。雄县工业品公司要求辽阳石化公司返还货款，辽阳石化公司以没有与雄县工业品公司形成购销法律关系为由拒绝给付。为此，雄县工业品公司将辽阳石化公司起诉至辽阳市中级人民法院。

辽阳市中级人民法院经审理认为，原告将款落到被告账户上，被告负有保管该款的义务，根据有关财务规定及银行结算办法，如果存款人与本单位确实没有发生业务往来，该款只能返还原处，或落款人本人持身份证及有关财务手续才能转往他处。而辽阳石化公司仅凭一张复印件财务证明、一张身份证复印件及一张未授权且与实际不相符的行政介绍信就将83万元巨款转给与落款人毫无关系的他人是毫无道理的，另该介绍信上写的是董强去办理转款事宜，而董强本人没有到场，持介绍信的人也无董强的授权委托书就将款转出，因此本案的实际受骗人是被告，而不是原告，但考虑到原告将本单位用于发货的介绍信随意交与他人，造成别人的误解，原告也有一定责任。综上，判决被告返还原告货款50万元。

辽阳石化公司不服一审判决，向辽宁省高级人民法院提起上诉。

辽宁省高级人民法院经审理，驳回了辽阳石化公司的上诉，维持原判。判决已经实际履行。

◎ 一审代理词及二审代理词品鉴

[一审代理词]

我受本案原告的委托，北京市北斗律师事务所的指派，依法出席本案的一审法庭，根据法律规定结合本案事实，我们发表如下代理意见，供法庭参考。

代理人认为，本案被告应返还全部货款并赔偿原告的经济损失。理由如下：

一、原、被告双方已建立了购销合同法律关系

原告是根据被告财务科给予原告的进账单将83万元货款先后分

两次经银行给付被告，并经被告财务科直接运作以货款名目入账的。被告在收到第一笔货款后，原告询问其是否收到时，被告明确答复："货款已到辽化账户"。随后，被告又接受了原告的第二笔货款，同样由被告运作以货款名目记入被告账内。当原告再次询问确认收款情况时，被告同样答复"货款已到辽化账户"。以上事实表明，原、被告双方已建立了购销合同法律关系，自被告接受全部货款之日起，就负有提供货物的义务，这种义务只能因供货或返还货款而解除。

如果被告认为仅凭进账单还不能说明双方已建立购销合同法律关系的话，那么被告就无法说明这笔货款的法律性质，根据法律的规定，如果被告接受的不是货款，那只能是不当得利，其同样负有保管并返还的法律义务。

二、被告辩称的理由不能成立

被告在法庭上多次强调其没有经营聚丙烯的业务，并指责原告不应仅凭进账单就将货款打入被告账户中，既然被告无此项经营业务，为何要向原告提供进账单呢？在款打入被告账户之后，为何没提出异议呢？这种明知自己没有此项业务，又接受他人货款的行为，若不能认定为不当得利的话，那么唯一的解释即是被告与犯罪分子相互串通骗取原告货款。否则，被告就应承认这种事实上的购销合同法律关系。

三、被告违规操作致使货款被犯罪分子诈骗

被告在收取货款后，不但没有向原告供货，反而在犯罪分子手续不全、破绽明显的情况下为犯罪分子开具发票，致使货款损失。

1. 原告的货款是被告自行接受并直接运作，货款是从被告账户经被告直接转给犯罪分子的，因此，犯罪分子诈骗的对象是被告而不是原告，被告的损失不应与原告货款相抵，无论被告是否被骗均与原告货款没有关系。

2.货款是使用牡丹卡通过银行转给被告的，只有当被告见到银行转给的原告的付款凭证，才能得知款已入被告账户，依照财务规定，原告付款凭证上必须列清的项目有：A.付款人名称；B.付款方式——牡丹卡；C.牡丹卡的卡号；D.付款的用途。因此，当被告得知货款已经到账时，必然知道原告是使用牡丹卡付款的事实，根据使用牡丹卡的相关规定，在付款后需要转款或退款时，应退回到原卡上。作为被告供销科的财务人员应该了解这一基本财务常识。

3.被告在自己的营业大厅内为犯罪分子提供作案房间，对犯罪分子以被告名义对外行骗熟视无睹，被告工作人员在上班时间出入犯罪分子的房间，犯罪分子混迹其中，致使受害人错误判断，促成犯罪分子诈骗得手。因此，被告的主观过错是明显的，其民事责任是不可推卸的。

4.被告在犯罪分子手续不全并存在明显破绽的情况下为其转款。A.介绍信的内容是用圆珠笔所填，其内容也有明显漏洞，"此款同意转给辽阳市新亚贸易有限公司"，是什么款？多少款？B.所谓"财务证明"是个复印件，"特此出证"后连落款都没有，而按一般的财务凭证内容，落款处应有单位全称并由财务科长签字并注明年月日。C.犯罪分子还提供了一份带有财务章的行政介绍信的复印件，且不说复印件的效力，代理人迄今为止尚未听说在行政介绍信上加盖财务章的，而且这份介绍信与犯罪分子出具的行政介绍信的编号均为108#，这不容置疑是伪造的。D.被告称犯罪分子持有董强的身份证，根据公安部规定，身份证件只是用来证明本人身份的，只有本人携带才具有法律效力。对83万元的巨款的操作处理而言，只能由其本人进行，如果本人不能亲自操作也应当经本人授权他人操作。提醒法庭注意的是，在公安部门预审时，被告财务科长坦言，她之所以转款是由于被告工作人员张振武两次带犯罪嫌疑人找财务科，张振武称犯罪嫌疑人是他的朋友。

综上，被告在犯罪分子手续不全且破绽百出的情况下，违反一般的财务常识进行转账操作，致使诈骗得逞，故被告应承担本案的全部法律责任。

此致

辽阳市中级人民法院

原告委托代理人：北京市北斗律师事务所

刘福奇律师

1997年6月15日

［二审代理词］

审判长、审判员：

我们受本案被上诉人的委托，北京市北斗律师事务所的指派，担任雄县工业品公司诉辽阳石化公司返还货款一案的二审委托代理人，依法出席本案的二审法庭，现提出如下代理意见，请二审法庭考虑。

代理人认为，原审认定事实清楚，适用法律正确，判决客观公正。上诉人的上诉理由没有事实和法律依据，恳请二审法庭驳回上诉，依法维持原判。

上诉人的上诉理由可归纳为以下三点：1. 上诉人转款的法律依据是被上诉人的行政介绍信原件及董强本人的授权；2. 上诉人转款时见到的是董强身份证的原件而不是复印件；3. 原审认定责任和审理结果相矛盾，即被上诉人的过错责任没有体现。

一、关于上诉人转款的法律依据

上诉人在转款过程中违法违规操作，致使货款被犯罪分子骗取，其行为违反了我国《银行结算办法》《会计法》及中国工商银行《关于特约单位受理使用牡丹卡有关规定的工作细则》的相关规定。不仅如此，上诉人的行为也违反了一般的财务会计常识，存在明显的主观故意以及客观上的放纵。本案中上诉人转款依据的材料有四份：1. 犯罪分子伪造的财务证明的复印件；2. 盖有财务专用章的行政介绍信复印件；3. 行政介绍信原件；4. 董强本人的身份证复印件。这四份材料均有明显的破绽。首先，这份连落款都没有的财务证明就根本不是传真件，上面也没有传真记录；其次，盖有财务专用章的行政介绍信更是荒唐可笑，避开其他不谈，在行政介绍信上加盖财务专用章是明显违背常规的；再次，上诉人作为转款依据的行政介绍信，这份犯罪分子从董强手中骗取的行政介绍信只能表明被上诉人对持有该介绍信人的授权而不能代表董强的授权。因该款是以董强个人名义开户的牡丹卡形式转入，而这一点上诉人是清楚的。按照工商银行关于牡丹卡使用相关规定，如果将该款转出必须经持卡人即董强本人的授权，而本案证据材料中根本没有董强签字的书面授权。因此，这份行政介绍信不能作为转款的法律依据；这份身份证复印件也因董强本人没有到场而无任何实际意义。如此破绽百出的依据,如此大的款项,上诉人仅凭一张行政介绍信原件即将款项转出,法律依据何在。所谓"手续齐全"体现在哪里呢?"未有审查必要"又有何依据呢?身为财务科的宋科长,在短时间内从最初的断然拒绝到后来转款,而在此期间作为转款的手续并没有改变,其原因不是昭然若揭吗?也正因如此,这些材料的破绽和对其的审查已变得毫无意义。综上,上诉人的转款行为是明显违法违规且违背一般的财务常识的,其主观过错是十分明显的。

二、关于身份证的问题

我国《居民身份证管理条例》规定,居民身份证系证明本人身份。因此,持他人身份证没有任何意义,这种与人身有密切关系的民事行为是不能授权的,正如别人不能代替你吃饭、代你取得荣誉一样。当然实践中也有类似情形,即在没有他人授权的情况下,持他人身份证原件去处理此类相关事宜,是不正常的,也是违法的,不能以这种不正常现象或者说违法行为去否定法律的严肃性。不管是身份证原件还是复印件,因董强本人没到场而没有任何法律意义,何况没有证据能证明上诉人见到了董强身份证原件,因此持有身份证即意味授权并以此转款是没有法律依据的。

三、关于本案过错责任的问题

被上诉人目前已得到了83万元货款中的23万元。从1995年9月至今,历时三年,被上诉人的利息损失已达30万元,原审判决的数额远不能补偿被上诉人的实际损失。因此,如果说被上诉人有过错,那么相应责任已在原审中体现,不存在认定责任与审理结果相矛盾的问题。代理人认为,被上诉人在本案中没有过错,因为介绍信是被骗而出具的，而被上诉人之所以出具介绍信是基于对上诉人的信任，如果说有过错只能是对上诉人的资信过于信任。但由于被上诉人将空白介绍信交给他人，给犯罪分子找到了一定借口，原审认定被上诉人也有一定过错是比较客观的，有利于被上诉人提高法律意识，树立依法经商的观念。

综上所述，代理人认为上诉人的上诉理由没有事实和法律依据，因而不能成立。上诉人管理制度混乱，在自己营业大楼内为犯罪分子提供作案场所，个别工作人员与犯罪分子相互勾结演戏，违法违规操作，致使货款损失。因此，其民事责任是不可推卸的。要说明的是被上诉人作为一个小企业，因此案久拖不决，目前企业面临倒闭，职工面临下岗，在经济形势不景气的大环境下更是雪上加霜。我们恳请二审法院能够严肃执法，公正裁决，尽快审结此案，以维护被上诉人的合法权益。

被上诉人委托代理人：北京市北斗律师事务所
刘福奇律师
1998年7月9日

◎ 案例评析

案件发生时，国有企业的管理混乱，尚未建立起现代企业制度。石油这种高度垄断行业的背后是管理混乱与低效。当年，聚丙烯相当紧俏，而各地购买的车辆在外面排队。与此同时，不法分子谎称能利用关系搞到货源，转手渔利。一个大型国有企业工作人员与犯罪嫌人串通一气，共同骗取雄县工业品公司钱财。庆幸的是，案件经过法院公正审判，纠纷已经顺利得到解决。雄县工业品公司的合法权益已经得到维护。但是值得我们警醒的是，辽阳石化公司作为一个大型的企业，没有经营管理意识，导致了此次诈骗案件的发生，从而引发了此次纠纷。

本案涉及的诈骗罪的刑事犯罪部分，犯罪分子以雄县工业品公司的名义向辽阳石化公司行骗，使疏于企业管理的辽阳石化公司产生了错误认识，处分了自己的财产。虽然处分财产时是以处分雄县工业品公司货款的名义进行的，但是受骗人是辽阳石化公司。

原本是一场简单的返还货款的商事纠纷，辽阳石化公司却在二审上诉时混淆本案涉及的刑事犯罪部分各主体之间的刑事法律关系，意图推卸责任，将受骗损失转嫁给雄县工业品公司。这不但浪费了双方的时间、人力、财力，还浪费了司法资源，其行为却是徒劳。这个真实的案例告诉我们法律是公正的，在法律关系、法律责任都很清楚的情况下，并非一定要穷尽所有诉讼程序，否则劳民伤财。

◎ 案件提示

企业制定制度章程，有序地进行经营管理，建立现代化的企业制度，对于其生产经营至关重要。尤其是涉及财务管理方面，更应该审慎用人，严格按照规章流程办事，严格把控资金的流转才会降低被经济诈骗的风险。

律师的长成

◇ 为案件第三人代理，尽显律师职业风采——保证保险合同纠纷案

◇ 第三人保证有风险——"银行骗取担保"案

◇ 第三人保证责任的承担及免除——大同齿轮公司担保合同纠纷案

◇ 合同违约，守约方如何"防止损失的扩大"？——顺规建筑公司建筑工程合同纠纷案

◇ "公款私存"vs"公对私的正常交易往来"——储蓄存款合同纠纷案

◇ 新闻传媒匡扶正义有风险——中央电视台记者骆某某、王某名誉权纠纷案

> 保证保险对被保险人的信用风险提供保险,其自身既有保险合同的特性又具有保证合同的特点。当保证保险遇到了贷款,如何区分保险诈骗与贷款诈骗?保证保险合同又应该如何进行法律适用?本篇保证保险合同纠纷案例就涵盖了以上问题。然而,本案特殊之处在于我只是本案第三人的委托代理人,我又是如何在代理词中展开辩论,发表代理意见的呢?希望本篇代理词可以给广大同仁就律师职业带来不一样的思考。值得一提的是,本篇代理词后来发表于中国政协报《民营周刊》,得到了广大同行的认同。

为案件第三人代理,尽显律师职业风采
——保证保险合同纠纷案

◎ **案例索引**

原告　汽车财务公司
被告　平安保险北分公司
第三人　北汽第四公司
案由　保证保险合同纠纷
一审法院　上海市第二中级人民法院

◎ 案件追踪

1998年3月9日，汽车财务公司与平安保险北分公司签订了《分期付款购车保证保险业务合作协议》，协议约定，凡向汽车财务公司借款买车的借款人均应作为投保人向平安保险北分公司投保分期付款购车保险及所购机动车的全险，并由汽车财务公司作为受益人，借款人发生违约时，由平安保险北分公司负责赔偿。借款人的首付款和汽车财务公司提供的贷款支付至上海汽车工业销售总公司，车型限桑塔纳系列轿车。

1999年2月4日，汽车财务公司（贷款人）、平安保险北分公司（保险人）及"北汽第四公司"（借款人）签订了买方信贷合同，由汽车财务公司提供1385万元贷款给"北汽第四公司"，三方均签字盖章（后查明"北汽第四公司"的公章和签字均系假冒），"北汽第四公司"向平安保险北分公司支付保费。之后，"北汽第四公司"将100辆桑塔纳2000型轿车提走。

1999年6月，北汽第四公司收到汽车财务公司的催款通知，北汽第四公司对此困惑不解，当即将此函退回。

2000年1月，汽车财务公司以平安保险北分公司为被告，以北汽第四公司为第三人向上海第二中级人民法院提起诉讼，本案第三人北汽第四公司委托我作为一审代理人出庭应诉。

上海市第二中级人民法院经审理，判决第三人北京汽车出租公司第四公司不承担责任。

◎ 一审代理词品鉴

尊敬的审判长、审判员：

我受本案第三人北汽第四公司的委托，北京市北斗律师事务所的指派，担任汽车财务公司诉平安保险北分公司保证保险合同纠纷一案的委托代理人，到沪依法出席今天的一审法庭。接受委托后，代理人详细询问了委托人，并认真做了阅卷。根据法律规定，结合本案事实，我提出如下代理意见，请合议庭考虑。

一、北汽第四公司不是本案的当事人

依照我国《民事诉讼法》的规定，当事人与本案有直接利害关系且以自己的名义进行诉讼并受法院裁决拘束。我国法律规定，第三人也是当事人的一种。当事人最本质的特征就是与本案有直接利害关系。就本案而言，北汽第四公司无疑是以无独立请求权的第三人身份被通知参加诉讼的，这意味着它可能被判决承担相应的民事法律责任。

本案系保证保险合同纠纷，北汽第四公司既不是实际借款人，也不是保险人和被保险人。汽车财务公司与平安保险北分公司签订的买方信贷合同上借款人即"北汽第四公司"的盖章和负责人的签字均系伪造。这一点无须鉴定，仅凭肉眼即可看出，以北汽第四公司的名义给汽车财务公司和平安保险北分公司的信函也是假的，北汽第四公司从未发过这种信函。因此，北汽第四公司与本案无任何法律关系，将其列为本案第三人参加诉讼不符合《民事诉讼法》关于诉讼主体的规定，也违反了最高人民法院《关于在经济审判工作中严格执行民事诉讼法若干规定》第九条规定的精神。

二、北汽第四公司将企业有关登记事项提供给拟合作的对象的行为无过错

1998年7月，北京乒乓球国际交流中心的刁明准备与北汽第四公司商谈合作租赁汽车业务事宜。其间，刁明称需要了解北汽第四公司的资信，要求北汽第四公司向其提供营业执照副本的复印件，法人代码复印件和法定代表人身份证复印件及北汽第四公司1997年12月和1998年7月的财务报表，并将上述材料带走，后刁明提出修改财务报表的要求，北汽第四公司对此表示了拒绝，双方因此终止了相关合作商谈。

代理人认为，北汽第四公司提供的这些材料均为企业登记注册的公知事项，在工商登记部门亦可查询，也无任何商业秘密可言。这些材料仅仅是一种事实，不代表任何意义上的授权，更不代表对外签约。企业在经营活动中，应客户了解资信的要求，随时可提供相关的资信材料，这既不违法，也不违规，符合正常的商业惯例。至于个别人以此去骗取他人信任则是另当别论。一般来说，企业在重大签约前应对客户进行资信审查，而北汽第四公司从未收到汽车财务公司与平安保险北分公司要求的有关资信的调查和询问，直到本案进入诉讼程序，北汽第四公司才得知有人打着北汽第四公司的名义对外行骗。

三、本案涉嫌经济诈骗

本案中，犯罪嫌疑人以非法占有为目的，伪造北汽第四公司公章并冒充北汽第四公司法定代表人签名，假借北汽第四公司的名义骗取贷款提走车辆，涉案金额特别巨大，无疑已构成诈骗罪。代理人认为，法律上要明确的概念是，犯罪嫌疑人构成贷款诈骗罪而不是保险诈骗

罪。根据《刑法》第198条和《保险法》第131条的规定，保险诈骗是以骗取保险金为犯罪构成要件。而本案则不同，犯罪嫌疑人向贷款人也就是汽车财务公司隐瞒了真实情况或者说虚构了某种事实，受害人也就是汽车财务公司。因此，诈骗的对象即犯罪对象只能是贷款人而不是保险人。希望有关当事人尽快报案，以避免损失的扩大。

四、平安保险北分公司应承担相应的保险责任或赔偿责任

本案从刑事角度看，犯罪嫌疑人无疑已构成了贷款诈骗罪。但民事责任应由谁承担，过错责任如何划分则是本案的焦点。根据法律规定和本案已查明的事实，代理人认为应由被告即平安保险北分公司承担民事责任，汽车财务公司因审查贷款方资信不严，也应承担相应责任，北汽第四公司没有任何责任。北汽第四公司向法庭提供的证据表明，犯罪嫌疑人私刻北汽第四公司公章，假冒北汽第四公司法定代表人的签字，因此，北汽第四公司在本案中无过错，其与汽车财务公司、平安保险北分公司之间不存在任何法律关系。根据最高人民法院《关于审理经济纠纷案件中涉及经济犯罪嫌疑若干问题规定》第五条规定的精神，北汽第四公司不应承担本案的民事责任。代理人认为，本案应由平安保险北分公司承担主要民事责任。理由如下：

1. 平安保险北分公司提供的保证保险是在收取保费情况下而为的一种商业保险行为。

既然是商业行为则必然要承担相应的商业风险。如果说收取保费是保险人权利的话，那么支付保险金则是保险人的义务。权利和义务的一致性告诉我们，没有无义务的权利，也没有无权利的义务。

2. 平安保险北分公司承保的是保证责任保险，而保证责任保险承保的对象即是商业信用风险。

保证保险承保的对象既不是人身也不是财产而是商业信用。我国《保险法》对此无明文规定。代理人认为，这种商业信用应做广义的理解，它不仅包括被保险人的一般不适当履约，还应包括根本不履约甚至其涉及的欺诈乃至违法犯罪行为，这些均应为商业信用保险所承保的范围。那么一旦被保险人发生商业信用风险，保险人就应按保险合同的约定承担保险责任。保证保险的特点决定了保险人对被保险人资信审查的重要性，甚至要求被保险人提供相应的反担保。而本案中保险人没做到起码的注意和审查，其主观过错是非常明显的。

3. 平安保险北分公司拒赔的理由不成立

平安保险北分公司以投保人欺诈，未履行如实告知义务为由，依照《保险法》有关规定，拒赔并不退还保费。代理人认为这种理由不成立，原因是：A. 保证保险承保对象是商业信用，《保险法》对此无明确规定。因此，不能简单以投保人未履行如实告知义务而适用拒赔条款。B. 投保人如实告知是以保险人的审查和询问为前提的。如果保险人未尽到最起码的注意而导致投保人诈骗既遂，那么只由投保人承担拒赔的法律后果则有失公正，这相当于将自己的过错转嫁他人。C. 现行保险立法不健全。《保险法》只规定了投保人的如实告知义务而未将保险人的审查作为义务进行规定。这种规定在实践中必然会产生一个现象，即保险人明知投保人隐瞒真实情况而不审查且故意收取保费。因为即使出现保险事故，保险人也可以拒赔并且不退还保费，何乐而不为呢？

代理人认为，保险合同是最大诚信的合同，这种诚信是对保险双方当事人的要求，而不只是对投保人的要求。代理人认为，如果说投保人隐瞒真实情况是为骗取保险金的话，那么保险人的上述行为则是以"合法"的形式骗取保费，二者没有本质区别。如果说有区别，那就是法律责任的区别，投保人骗保的结果是拒赔并且不退还保费，而保险人骗取保费只是导致个别业务员承担行政责任，至于对保险责任是否承担，保费如何处理，《保险法》对此无明文规定，这显然是立法上的疏漏。正是由于这种疏漏才给本案犯罪嫌疑人提供了机会。

综上，代理人认为，本案中保险人的保险责任不可推卸。代理人要说明的是，在国外，保证保险因其复杂、风险大、专业性强，非一般保险公司所能承保。在信用危机的今天，这种险种无疑具有现实或潜在的市场。而国内一些保险公司为开拓业务，涉此领域。在法无明文规定又无相应的司法解释的情况下，双方当事人的约定以及公平原则就显得特别重要。代理人注意到汽车财务公司与平安保险北分公司所签订的合同和保险条款，双方约定的保险事故一经出现，保险人就应承担相应的保险责任。同时，汽车财务公司在本案中也未尽到相关的审查义务，其做法也违反了《贷款通则》相关规定，也应承担相应的民事责任。

本案中，由于法律没有规定汽车财务公司与平安保险北分公司在此项业务中需要将审查当事人主体资信作为义务进行约定，使得本案产生一个可怕的怪现象——汽车财务公司和平安保险北分公司均无须审查诈骗分子的身份。对汽车财务公司而言，有保险公司承保，贷款人不还可以找保险公司；对平安保险北分公司来说，发生骗保，平安保险北分公司可以依法拒赔并且不退还保费。正因为如此，这样明显的破绽，一个电话或传真即可识破的资信问题，双方均没有进行审查。犯罪嫌疑人可以大胆行骗，百余辆车已被提走，而汽车财务公司、平安保险北分公司以及我方还在法庭上辩论，这种窘境值得代理人及我们的立法者、司法者思考。

以上代理意见，请合议庭考虑。

此致

上海市第二中级人民法院

第三人委托代理人：北京市北斗律师事务所
刘福奇律师
2000 年 5 月 31 日

◎ 案例评析

本案涉及了贷款和保险，本案涉及刑事犯罪部分的诈骗是属于贷款诈骗还是保险诈骗，需要我们对贷款诈骗和保险诈骗这两个概念进行区分。（1）贷款诈骗罪，是指以非法占有为目的，编造引进资金、项目等虚假理由，使用虚假的经济合同，使用虚假的证明文件，使用虚假的产权证明作担保，超出抵押物价值重复担保或者以其他方法，诈骗银行或其他机构的贷款，数额较大的行为。（2）保险诈骗罪，是指以非法获取保险金为目的，违反保险法规，采用虚构保险标的、保险事故甚至是制造保险事故等方法，向保险公司骗取保险金，数额较大的行为。

从概念上看，两者均属于经济犯罪；均与诈骗罪是法条竞合的关系；均以非法占有为目的；构成犯罪需要达到一定犯罪数额。区别主要在于：（1）犯罪客体：贷款诈骗是针对银行或其他金融机构实施的犯罪；保险诈骗的诈骗对象是保险公司。（2）诈骗的具体手段、形式不同。

正如我在代理词中所说，本案涉及的主要是保险诈骗罪。清楚梳理各个主体之间的刑事法律关系，明确各方的刑事法律责任，是处理好这个商事案件的前提。本案中，犯罪嫌疑人以非法占有为目的，伪造北汽第四公司公章并冒充北汽第四公司法定代表人签名，假借北汽第四公司的名义骗取贷款提走车辆，涉案金额特别巨大。综上，汽车财务公司由于产生了错误认识，基于错误认识，处分了自有财产，进行了放贷。犯罪嫌疑人的行骗对象是贷款人汽车财务公司，而非平安保险北分公司，而北汽第四公司只是案外人进行诈骗的手段与幌子。

虽然受害者是汽车财务公司，但就民事责任而言，保险公司难辞其咎。这就涉及对保险险种进行分析。涉案的保险合同是保证保险合同，即被保证的债务人（本案中是借款人）未履行债务（未按时还款）或者以欺骗舞弊行为造成债权人经济损失的，保险人（即保险公司）须先行进行赔偿，从而取得代位追偿权的一种险种。本案中，平安保险北分公司需要承担民事责任的原因在于，其收取了保证保险的保费，就应该承担被保证的借款人不还款而使贷款人造成的经济损失。

代理本案，最大的体会是法律制度的不完善给犯罪分子提供了可乘之机。开庭时我方只带了公章以及法定代表人的签字样本。委托人北汽第四公司只是要求我在法庭上出示公章和法人签字即可，无须说太多。但是，本着尽职尽责的执业理念，帮助合议庭理顺本案法律关系，我写了部分与第三人看似无关的代理意见。立法盲区促使犯罪嫌疑人诈骗既遂；法律不健全，无衔接，国有企业通病……思绪万千，思考沉重。值得一提的是，本篇代理词后来发表于中国政协报《民营周刊》，得到了广大同行的认同。

◎ 案件提示

[保险的基本概念]

保险人：又称"承保人"，是指与投保人订立保险合同，并承担赔偿或者给付保险金责任的保险公司。保险人不能是自然人，只能是法人，在中国有股份有限公司和国有独资公司两种形式。

投保人：与保险人订立保险合同，并按照保险合同负有支付保险费义务的人。

被保险人：依据保险合同，其财产或人身受保险合同保障，在保险事故发生后，享有保险金请求权的人。一般情况下，投保人就是被保险人。

受益人：人身保险合同中特有的概念，由被保险人或者投保人指定的享有保险金请求权的人。

保费：又称"保险费"，是投保人为取得保险保障，按保险合同约定向保险人支付的费用。

保险金：保险人根据保险合同的约定，对被保险人或者受益人进行给付的金额；或者当保险事故发生时，对物质损失进行赔偿的金额。

[投保人如实告知义务]

我国现行《保险法》第十六条规定，订立保险合同，保险人就保险标的或者被保险人的有关情况提出询问的，投保人应当如实告知。

投保人故意或者因重大过失未履行前款规定的如实告知义务，足以影响保险人决定是否同意承保或者提高保险费率的，保险人有权解除合同。

前款规定的合同解除权，自保险人知道有解除事由之日起，超过三十日不行使而消灭。自合同成立之日起超过二年的，保险人不得解除合同；发生保险事故的，保险人应当承担赔偿或者给付保险金的责任。

投保人故意不履行如实告知义务的，保险人对于合同解除前发生的保险事故，不承担赔偿或者给付保险金的责任，并不退还保险费。

投保人因重大过失未履行如实告知义务，对保险事故的发生有严重影响的，保险人对于合同解除前发生的保险事故，不承担赔偿或者给付保险金的责任，但应当退还保险费。

保险人在合同订立时已经知道投保人未如实告知的情况的，保险人不得解除合同；发生保险事故的，保险人应当承担赔偿或者给付保险金的责任。

以上条款对投保人的如实告知义务进行了约定，投保人有义务对保险人就保险标的或者被保险人有关情况进行的询问进行如实告知。投保人的如实告知是以保险人的询问为前提的，且如实告知的范围也仅限于保险标的以及被保险人相关情况。

投保人故意不履行告知义务，保险人直接有权解除合同；投保人因重大过失未履行如实告知义务的需要达到足以影响保险人决定是否同意承保或者提高保险费率的程度，保险人才有权解除合同。

解除合同的期限是有限制的，保险人需要在知道解除事由之日起三十日之内提出解除合同；合同订立之日起两年内，如若保险人未行使权利，合同解除权消灭，这是对于该项权利除斥期间的规定。

[贷款诈骗罪]

我国现行《刑法》第一百九十三条规定，有下列情形之一，以非法占有为目的，诈骗银行或者其他金融机构的贷款，数额较大的，处五年以下有期徒刑或者拘役，并处二万元以上二十万元以下罚金；数额巨大或者有其他严重情节的，处五年以上十年以下有期徒刑，并处五万元以上五十万元以下罚金；数额特别巨大或者有其他特别严重情节的，处十年以上有期徒刑或者无期徒刑，并处五万元以上五十万元以下罚金或者没收财产：

（一）编造引进资金、项目等虚假理由的；

（二）使用虚假的经济合同的；

（三）使用虚假的证明文件的；

（四）使用虚假的产权证明作担保或者超出抵押物价值重复担保的；

（五）以其他方法诈骗贷款的。

上述条款是对贷款诈骗罪进行的规定，贷款诈骗罪要求行为人主观上具有非法占有的故意；犯罪客体是银行或者其他金融机构；犯罪行为举了四个常见的例子；并且用"其他方法"作为兜底条款；该罪名的构成对于犯罪数额、犯罪情节也有要求，分为数额较大、数额巨大或其他严重情节、数额特别巨大或其他特别严重情节三个档次。对于刑罚的判处，既有主刑又有财产附加刑。

[保险诈骗罪]

我国现行《刑法》第一百九十八条规定，有下列情形之一，进行保险诈骗活动，数额较大的，处五年以下有期徒刑或者拘役，并处一万元以上十万元以下罚金；数额巨大或者有其他严重情节的，处五年以上十年以下有期徒刑，并处二万元以上二十万元以下罚金；数额特别巨大或者有其他特别严重情节的，处十年以上有期徒刑，并处二万元以上二十万元以下罚金或者没收财产：

（一）投保人故意虚构保险标的，骗取保险金的；

（二）投保人、被保险人或者受益人对发生的保险事故编造虚假的原因或者夸大损失的程度，骗取保险金的；

（三）投保人、被保险人或者受益人编造未曾发生的保险事故，骗取保险金的；

（四）投保人、被保险人故意造成财产损失的保险事故，骗取保险金的；

（五）投保人、受益人故意造成被保险人死亡、伤残或者疾病，骗取保险金的。

有前款第四项、第五项所列行为，同时构成其他犯罪的，依照数罪并罚的规定处罚。

单位犯第一款罪的，对单位判处罚金，并对其直接负责的主管人员和其他直接责任人员，处五年以下有期徒刑或者拘役；数额巨大或者有其他严重情节的，处五年以上十年以下有期徒刑；数额特别巨大或者有其他特别严重情节的，处十年以上有期徒刑。

保险事故的鉴定人、证明人、财产评估人故意提供虚假的证明文件，为他人诈骗提供条件的，以保险诈骗的共犯论处。

以上条款是对保险诈骗罪进行的规定，保险的投保人、被保险人、受益人都可能成为保险诈骗罪的犯罪主体；保险诈骗罪要求行为人主观上具有实施保险诈骗的故意；犯罪客体是保险公司；针对犯罪行为，本条以列举的方式列举了五种实施保险诈骗的方式，犯罪行为也仅限于这五种；本罪对于犯罪数额、犯罪情节也都有要求，与贷款诈骗罪一样划分为三个档次，只是刑罚不同而已。

该条的后两款对单位犯罪、共犯进行了明文规定。单位如果作为投保人、被保险人、受益人或者是保险事故的鉴定人、证明人、财产评估人满足犯罪构成要件时可以构成本罪。而保险事故的鉴定人、证明人、财产评估人故意提供虚假的证明文件，为他人实施保险诈骗提供便利的，应以保险诈骗罪的共犯论处。该款实际上是对保险诈骗罪的帮助犯进行了明文规定。

[保证保险合同]

是当被保证的债务人未履行债务或是出现欺骗舞弊等行为，造成债权人经济损失的，保险人代位赔偿而取得代位追偿权的一种保险合同。保证保险承保的是信用风险，它是被保证人根据权利人要求投保自己信用的一种保险。保证保险合同既是保险合同又具有保证合同的特性，故对于保证保险合同的法律适用问题，我个人比较赞同梁慧星教授的主张："根据保证保险合同的形式与实质的关系，人民法院审理保证保险合同纠纷案件，应遵循以下法律适用原则：（一）对于保险法和担保法均有规定的事项,应当优先适用保险法的规定;(二)保险法虽有规定但适用该规定将违背保证保险合同的实质和目的的情形,应当适用担保法的规定,而不应当适用该保险法的规定;(三)对于保险法未有规定的事项,应当适用担保法的规定。"

> 本案是借款合同纠纷项下的担保合同纠纷,是一起典型的"银行骗取担保"的案件,案件争议焦点是保证人在银行催款函上加盖财务行政章的行为是否等同于承认了催款函的内容。而本案诉讼经历也十分戏剧性,我作为保证人的委托诉讼代理人,参与了二审以及再审。二审过程中,我方可谓取得了巨大的胜利,保证责任被予以免除;再审却又推翻了这一二审结果。这究竟是怎么一回事?又会给广大与银行签订担保合同的保证人哪些警示呢?

第三人保证有风险
——"银行骗取担保"案

◎ **案例索引**

再审申请人(原审原告、二审被上诉人) 某实业银行

再审被申请人(原审被告、二审上诉人) 农资公司

原审被告 供销公司

案由 担保合同纠纷

一审法院 北京市第一中级人民法院

二审法院(再审法院) 北京市高级人民法院

◎ 案件追踪

1995年1月13日，某实业银行、供销公司及农资公司三方签订了一份编号95012号《人民币贷款协议》，贷款金额为800万元，年利率为13.1760%，贷款期限自1995年1月13日起至1995年10月12日止。农资公司作为担保方承诺对该协议项下全部应偿债务承担不可撤销的、无条件的连带保证责任。保证责任的有效期间自本贷款协议生效之日起，至全部债务清偿之日止。该笔贷款后展期至1996年6月20日，借款人供销公司对该笔借款未进行过任何偿还。

1995年10月8日，某实业银行、供销公司及农资公司三方签订了一份编号95380号《人民币贷款协议》，贷款金额为700万元，期限自1995年11月8日起至1996年5月10日止。作为担保方的农资公司的保证责任同上一贷款协议。借款人供销公司于1996年5月10日偿还借款本金400万，余下300万展期至1997年1月10日，后未进行过偿还。

2000年3月20日，某实业银行向农资公司发出一份协助催收函，内容是：1997年，供销公司在我行的95012号和95380号贷款（本金各计人民币800万元和700万元）已发生逾期。贵公司系此两笔贷款的保证人。贷款逾期后每两个季度，我行均向借款人和担保单位发出催收函。现再次发函，请贵公司承担担保责任，协助借款人还款为盼。农资公司在该函上加盖了其财务部行政章。

2001年7月，某实业银行为实现上诉两笔债权以供销公司、农资公司为被告向北京市第一中级人民法院提起诉讼，要求供销公司偿还两笔贷款的本金及利息，农资公司对此承担连带清偿责任。

北京市第一中级人民法院经审理认为，两份贷款协议合法有效，依法收贷，应予以支持。因农资公司在收到某实业银行向其发出的催收函后对其内容未表示异议，故农资公司作为供销公司的担保人，应按其在贷款协议中所作的保证承诺承担连带责任。农资公司不服一审判决委托我代理本案的二审，向北京市高级人民法院提出上诉，请求二审法院免除其对供销公司两笔贷款的连带清偿责任。

北京市高级人民法院经审理认为，合同约定的保证期间条款属约定不明，应将保证期间确定为二年，该二年不发生中止、中断的情形。某实业银行未能举证证明在两笔借款合同期限届满后的二年内向农资公司主张过权利。农资公司于2000年1月20日在某实业银行向其发出的协助催收函上仅是加盖印章的行为，不能视为对原保证合同的重新确认，亦不发生对已过保证期间的债务愿意继续承担保证责任的法律后果。判决免除农资公司的担保责任，驳回某实业银行对农资公司的诉讼请求。

后某实业银行对此终审判决不服向北京市高级人民法院提出再审申请，二审法院又对该案进行了再审。

北京市高级人民法院经再审认定，农资公司在催收函上的盖章可视为时效中断，判决农资公司承担保证责任。

◎ 二审代理意见及再审代理意见品鉴

[二审代理意见]

尊敬的审判长、审判员：

我作为本案上诉人农资公司的委托代理人对本案提出如下代理意

见，请二审法庭考虑。

一、协助催收函（下称催收函）不能作为时效中断的依据

催收函是被上诉人在明知超过诉讼时效后要求上诉人盖章签收的，时效作为一种法律事实不具有事后恢复的性质。

催收函中的每两季度向上诉人发函的内容是虚假的。上诉人从未收到该类函件，被上诉人亦未向法庭提供每两季度发函的证据。因此，这份证据的内容不具有客观真实性；催收函就其证明内容而言是间接证据，这份证据与其他证据相互矛盾不能自圆其说，比如在1998年7月15日至8月20日就催收了两次欠款且未形成完整证据链。它不能证明某实业银行在贷款逾期后向农资公司主张过权利，只能证明农资公司在2000年1月20日这个时点签收了这份函件。这是一种签收行为，不能代表作出了任何意思表示。担保责任是严格责任，必须是明示的，而该函只加盖了财务行政章，没有标注时间、签收人，也无任何文字表述，故以任何形式推定和默示担保关系的成立都是与立法精神相背离的。此外就担保事宜而言，根据担保法的规定，财务部门作为农资公司的职能部门不能代表公司进行担保的意思表示，即使作出表示也是无效。如果保证人认可这种事实则意味着保证人对担保法律关系的重新确立，是关系保证人重大权益的事情，仅凭保证人一个财务行政章就判令其承担法律责任是没有法律依据的，也是不严肃的。

代理人认为，盖章意味认可的主张在权利义务明确情况下或法律规定或当事人约定的情况下才成立，而催收函的内容是某实业银行单方拟定的而不是双方当事人的合意。且是一份意思表示不明确的函件；

农资公司向法庭提供的证据表明，农资公司财务部门是在不了解该催收函内容的情况下，在某实业银行的一再要求下盖的章。该催收函的内容具有明显的诱导和欺诈性质。因此，农资公司的意思表示是不真实的，因而是无效的。

综上，这份催收函不能作为诉讼时效中断的依据。原审在未对该份证据查证属实的情况下，作出诉讼时效中断的认定是不成立的，因而是错误的。

二、协助催收函亦不能视为农资公司对原担保法律关系的重新确认

协助催收函是某实业银行明知已超过保证期间的情况下，要求农资公司财务部门盖章的。根据法律规定，保证期间为不变期间，不存在任何中止、中断和延长的情形。本案没有证据表明，某实业银行在担保期间向农资公司主张过权利，故农资公司已依法免除了担保责任。因此，该函就担保责任而言已无任何实际意义。

因此，法律不能将农资公司财务部门在催收函上的盖章视为对原担保法律关系的重新确立。

三、无条件和不可撤销担保不能成为农资公司承担保证责任的理由

1. 无条件担保不是我国担保法规定的担保种类；

2. 无条件担保不意味担保人放弃诉讼时效和保证期间的抗辩，即使放弃也是无效的；

3. 因无条件担保否认担保的从属性易导致权利的滥用，故已被最高人民法院的审判案例所否定。

因此，无条件担保不能成为农资公司承担保证责任的理由。

四、原审判决农资公司承担保证责任没有法律依据

本案主债务已超过诉讼时效。本案没有证据表明某实业银行在主债务履行期届满两年内向农资公司主张过权利。本案不是诉讼时效中断，而是主债务人在诉讼时效期间经过后放弃诉讼时效抗辩，对原债权债务关系的认可。根据担保法及相应的司法解释，主债务人放弃抗辩，保证人仍有权为自己进行抗辩。据此，农资公司应免除担保责任。

某实业银行起诉保证人已超过诉讼时效。本案某实业银行起诉保证人的诉讼时效届满时间分别为 1998 年 6 月 20 日、1999 年 1 月 10 日，而某实业银行直到 2001 年 7 月才行使诉权。现有证据不能证明某实业银行在诉讼时效期间内向农资公司主张过权利，因此，某实业银行已丧失了胜诉的权利。

某实业银行没有在保证期间内向农资公司主张权利，农资公司已免除了担保责任。本案属于对保证期间约定不明，根据担保法及相关司法解释均应推定为两年的不变保证期间。本案主债务人未经担保人同意在主债务超过诉讼时效后与某实业银行重新确认了债权债务关系，这种重新确立的债权债务改变了主债务的履行期限，而保证人仍应在原保证期间内承担保证责任，即农资公司的保证期间不因主债务履行期限的改变而改变。

综上所述，原审在农资公司享有诉讼时效抗辩和保证期间抗辩的情况下，仅凭一份已超过诉讼时效且保证期间经过的，后经农资公司财务部门签收的催收函认定农资公司承担保证责任没有事实和法律依据。恳请二审法庭依法改判，以维护上诉人的合法权益。

我的代理意见，请二审合议时考虑。

此致

北京市高级人民法院

上诉人委托代理人：北京中洋律师事务所

刘福奇律师

2001 年 11 月 28 日

[**再审代理意见**]

审判长、审判员：

我受本案被申请人农资公司的委托，北京市建元律师事务所的指派，依法出席了本案的再审法庭。根据法律的规定，结合本案事实，我提出如下代理意见，供法庭合议时参考。

本案诉争的焦点是申请人是否在本案的保证期间内向担保人主张过权利。申请人提出再审的依据是被申请人签收的协助催收函（下称催收函），以此认定申请人已承认在保证期间内申请人已主张过权利，从而否认本案真正的保证期间。代理人认为，现有证据不能证明申请人主张过权利，被申请人在催收函上加盖财务行政章的行为不能视为对申请人主张权利的认可，申请人提起再审的理由没有事实和法律依据。

一、申请人提供的证据不能证明申请人在保证期间内向被申请人主张了权利且不能自圆其说

1. 本案的保证期间是 1997 年 1 月 10 日至 1999 年 1 月 10 日。在

申请人提供的八份证据中（其中三份二审没有提交）只有2000年1月20日的协助催收函（下称催收函）上有被申请人的签收确认，其他函件担保人没有收到，就在今天的庭审中申请人又提供两封信函和与邮局的协议，提醒法庭的是根据最高人民法院关于民事证据的若干规定的解释，这三份证据不能视为新证据且超过举证期限，建议法庭不予采纳。这些证据不仅不能证明申请人向被申请人主张过权利，相反却表明了每两季度发函的虚假性。新提供的两封信函的发函时间分别是1997年年初和年底，这说明贷款刚逾期即发函而不是两季度后，两函间隔的时间近一年而不是两季度，在1998年7月15日至8月20日期间内即两次"发函"，且在同一时间向同一贷款的债务人和保证人发函的文号不连续。这些都表明"贷款逾期后每两季度，我行均向借款人和担保单位发出催收函"这一表述的虚假性。只有2000年1月20日向担保人发出的催收函和2000年3月21日（正式催收函格式）向被担保人发出的催收函是经当事人签收确认的，这说明2000年起申请人才开始向担保人和被担保人主张权利，这时已超过了本案的保证期间。再次提醒法庭，申请人2000年的两份催收函中，催收部门已由1997年和1998年的"某实业银行信贷部"变为"某实业银行总行营业部资产保全部"，2000年1月20日的催收函就是资产保全部的人来保证人处盖章的。要说明的是，保证人系国有集团公司，多年来恪守诚信依法经商，我们不会也没有必要回避和掩盖事实，对方代理人在法庭上反复强调担保人的住所地没有变化，申请人可随时向我们以各种形式主张权利。在二审开庭时对方提出所有催收函都是以挂号信形式邮寄，而今天的庭审中又说是以平信的形式寄出，其说法前后矛盾，不攻自破。银行为控制经营风险管理都日益规范，银行催收函以平信寄出的说法今天才听到。按申请人说法被申请人地址没变动，以平信发出就意味着被申请人收到且不需要回执，收到了就说明申请人主张了权利，这种说法显然是乏力的。这些信函均无原件，按申请人的说法原件发给了被申请人。因此，代理人对这些复印件的信函的真实性表示质疑，发函的目的是让对方收到，收到的证明是签收回执。如果说一次没有回执还可以理解，那么在几年期间一份回执都没有，所有的信函都出现了误差，显然不能令人信服。同样，申请人与邮局的协议也不能证明其向被申请人主张过权利，暂不说该协议的真实性，假设某人今天购买了一张明天某时到达某地的车票，那么这张车票能证明明天某时他就在某地吗？显然，这份协议与被申请人收到函件没有必然的因果关系。

2. 催收函同样不能证明申请人在保证期间主张过权利。

A. 催收函是在申请人明知已超过诉讼时效和保证期间后，在申请人已丧失诉权的情况下向被申请人发出的，就诉讼时效和保证期间的法律事实而言均无事后恢复的性质。这种法律事实一旦成立，权利就归于消失而不能再生，在丧失权利后又要恢复权利显然是相互矛盾，二者只能其一。该催收函的目的是让被申请人确认申请人多次主张权利的事实，而这种事实是不存在的。因此，该函就发函内容上具有明显诈欺性质，不具有真实性。

B. 该催收函就内容上已超出了一般银行催收函的性质。在商业惯例中，银行催收函是权利人向债务人单方主张权利的行为，目的之一在于时效中断。银行催收函一般一式二份（有担保人的一式三份），均为统一格式且有债务人签收回执。而本案催收函的内容在表达单方主张权利事实的同时，让被申请人确认以前是否发生过待证事实，因此该函已不是单方法律行为，而是具有双方合意的内容。这种需合意确认的事实只有在双方没有争议的情况下才有实际的法律意义。而本案中的具有合意内容的催收函是申请人单方事先拟定好，以一般催收函的形式出现，且没有"如发函情况属实应予以盖章确认"的表述，使得本应由双方合意的内容变成单方的意思表示。因此，这份催收函内容中有申请人单方期待的答案，具有明显的诱导因素，这在商业交往及国际惯例上都是禁止采用的，因而是无效的。

C. 该函在内容表述上违反一般的逻辑常识。就被申请人曾提供保证的事宜当然不可否认。而就发函内容申请人的发函经办人曾表示需要进一步核实，而被申请人对其内容只是部分认可，故该催收函是一份意思表示不明的函件，对此被申请人无法作出明确的意思表示。这再次表明该函的误导性。

D. 本案已进入再审程序，申请人一直在回避本案最为关键的问题，那就是申请人是否有季度发函的直接证据。如果季度发函是真实的，申请人就应有被申请人的签收回执，否则无法证明已经发函即已经主张过权利。如果申请人还以这份催收函来证明已主张权利的话，那么代理人不禁要问，申请人是否发函或者说是否向被申请人主张权利到底是依赖于被申请人的认可还是依赖于其自身是否已实际主张过权利。在被申请人没有自认的情况下，申请人有义务就此向法庭举证。

因此，协助催收函具有明显的诈欺、诱导、误导的性质。是申请人资产保全部为中断诉讼时效而精心设计的圈套。该函因内容不具有真实性而不具有证明力。

综上,代理人认为,申请人提供的这些证据都不能证明申请人在本案的保证期间主张过权利,证据的真实性、关联性都不能确认。

二、被申请人加盖财务行政章仅表明签收确认不意味对申请人主张权利的内容认可

1.被申请人仅在该函上加盖了财务部行政章,没有任何认可发函内容的文字表述,说被申请人认可的依据在哪里呢?尤其是对一方事先拟定好的具有合意内容的信函,在需要另一方确认时,这种文字表述就显得更为重要。否则无法解释"情况属实""阅无误"等文字表述。

2.盖章不等于承认了某种事实,不等于认可内容的真实性。否则那就无法解释法律行为的诈欺、无效及可撤销。如果说盖章即是同意和认可,那是以自己的意志代替别人的意志,或者说一方在规避法律,刻意掩盖一种不真实的意图。我方收到申请人起诉状也要盖章签收,按上述思路我方就同意了其全部诉讼请求,无须参加庭审。

3.如果说盖章就是默认,是一方推定。最高人民法院关于执行《民法通则》若干意见第66条明确规定,不作为的默示只有在法律明确规定或当事人有明确约定的情况下才能视为意思表示。因为不作为的默示是一种不明确的意思表示,为防止违反当事人真实意思表示的出现,法律对不作为默示作了严格限制。

4.认可这种"事实",则意味继续承担保证责任,这违反一般常理。在涉及被申请人重大利益的情况下,仅凭财务部行政章认定保证责任是没有法律依据的。当时申请人一行先到总裁办要求加盖公司印章,公司章未盖成后到财务部,由于此事时隔较长,我方财务部人员变动,不太了解情况的员工较为慎重,而对方反复说盖章证明我们来了,我们也是例行公事,在这种情况下才盖了财务部行政章。正因为我方财务人员了解该函由来,正因为本着诚信原则我方在签收时才未作任何文字表述。

5. 退一步讲,根据我国担保法的规定,就保证事宜而言,财务部门作为担保人的职能部门也无权代表公司进行这种意思表示,即使表示也是无效的。申请人对此应该清楚。

综上,代理人认为,盖章仅仅表明被申请人签收了催收函,同时也表明对原担保法律关系的认可,但不能表明认可申请人在此之前是否主张过权利。在我方没有明确意思表示的情况下,去推定认可没有法律依据。根据最高人民法院关于民事证据若干规定第8条的规定,一方当事人对另一方当事人陈述的案件事实明确表示承认的,另一方当事人无须举证。本案被申请人盖章的催收函只能证明签收的事实,没有明确承认的意思表示。

本案争议的误区是,盖章就是同意,就是认可了事实,就是真实的。代理人并不完全否定这一观点,这只有在权利义务明示的情况下才能成立。但就本案而言这种认识就是不正确的。诚然,这种传统公章存在诸多问题,给我们司法审判带来了一定的困惑。但随着法制的健全和完善,法律越来越尊重当事人的真实意思表示而不是武断推定一个法人的意思表示。什么是法人的意思表示,法人的职能部门能否代替法人的意思表示,代理人认为,法人的公章在日常运转中进行文件信函的签收是其功能之一,但在对外交往,尤其是对于产生权利义务的法律行为中,法人的意思表示应该是公章和文字表述相结合。只有文字表述没有公章是谁的行为呢？徒有公章没有文字表述能表达什么意思呢？因此，两者之一都不能视为完整的意思表示。

审判长、审判员，保证合同是单务合同，保证责任是严格责任。在没有有效证据和被申请人明确意思表示的情况下去推定关键事实和认定担保责任都不符合我国担保法和相关司法解释的立法精神。本案中没有证据能证明申请人在保证期间内向被申请人主张了权利，被申请人加盖财务行政章的行为只是一种签收确认，也只能证明申请人在2000年1月20日这个时点向被申请人主张过权利，在被申请人无任何文字确认的情况下，推定被申请人认可申请人主张权利的事实没有法律依据。申请人提起再审的事实和理由不成立，在被申请人没有认可且申请人主张没有其他证据佐证的情况下，原审判决免除被申请人的保证责任是公正的。原审认定事实清楚、适用法律正确，恳请法庭驳回申请人的再审请求，依法维护二审的生效判决。

我的代理意见，请再审法庭考虑

此致

北京市高级人民法院

被申请人代理人：北京市建元律师事务所
刘福奇律师
2004 年 9 月 16 日

◎ 案例评析

司法实践中，担保案件是较为复杂和专业的，担保理论复杂且涉及大量的法律法规和司法解释，有些案件在时间上跨跃《担保法》出台前后等都给案件的法律适用带来了一定的难度。

以本案为例，在二审判决后最高院和北京高院先后出台了相关司法解释，明确了在保证期间经过后，保证人收到债权人的催收函并盖章的不能当然视为对保证合同的重新确认，不能当然认定保证人继续承担保证责任。再审时某实业银行对此亦并无异议，诚然，保证人农资公司加盖财务行政章的行为是否承认了催款函的内容是本案的焦点。如若财务这一行为可以代表公司，将这认定为公司法人的真实意思表示，则保证人农资公司应当继续承担保证责任，否则则不然。

这正引导我们思考一个问题，那就是什么是一个企业法人的真实意思表示，公司盖章就等同于其作出了认可的意思表示的审判思路误导了大众。盖章是否就当然地意味着同意呢？在意思表示涉及法人的民事权益的情况下，仅以公章来判定法人的真实意思表示显然是有失公允的。因此在经济高速发展，各种经济往来活动激增的今天，仅凭传统公章推定法人的意思表示已然不合时宜。个人认为，应以法定代表人签字及加盖相应的公司公章综合确认法人的真实意思表示。签字具有不可替代性，不具有模仿性，如若有人伪造签字，还可以向法院申请司法鉴定，轻而易举就可识别签字的真伪。这样有助于保障交易的安全。在我代理的各类案件中，因公章而引起的纠纷时有发生。

对于本案再审结果我个人持保留意见，近年随着此类案件的增多，该类司法实践相应增多。司法实践中一般认为在催款通知上签名或盖章的担保人的责任可以参照最高人民法院《关于超过诉讼时效期间借款人在催款通知单上签字或盖章的法律效力问题的批复》中的规定，即"根据《中华人民共和国民法通则》第四条、第九十条的规定精神，对于超过诉讼时效期间，信用社向借款人发出催收到期贷款通知单，债务人在该通知单上签字或者盖章的，应当视为对原债务的重新确认，该债权债务关系受法律保护"。但应当审查催款通知的具体内容，审查担保人有无继续承担还款保证责任的意思表示，如果担保人有该意思表示，则可以理解为债权人与保证人就原债务达成了新的保证合同；如果担保人没有该意思表示，则不能视为重新确认了担保合同。

然而，实践中借款人往往以财务会计需要、例行公事等为由要求担保人签名或盖章确认，而隐瞒此举的真实目的，担保人往往因欠缺法律意识而陷入借款人预谋的"催债陷阱"。本案就是如此，作为保证人农资公司并没有继续承担保证责任的意思表示，而再审法院综合催款函的具体内容，认定保证人农资公司的盖章确认行为是其作出了继续承担保证责任的意思表示，成立了新的保证合同。农资公司关于公司财务行政章没有作出此类意思表示的权限的主张没有得到再审法院的支持。诚然，这对保证人农资公司而言显然是不公平的。当时再审还不受次数限制，判决的既判力在不断受到挑战，这或许是因法律设计的缺陷而导致的诉累。

◎ 案件提示

[保证]

主债务人以外的第三人即保证人与主债权人约定，当主债务人不履行债务时，保证人依照约定履行债务或者承担保证责任的合同担保方式。

[保证合同]

是债权人与保证人之间签订的，约定当债务人不履行债务时，保证人代为清偿债务的合同。

保证合同具有从属性，是从合同，以主合同的存在与生效为前提；是单务合同，保证人在保证合同中仅负有给付义务，而不存在相对应的权利；是要式合同，保证合同需要以书面形式进行签订。

[一般保证 vs 连带责任保证]

一般保证，只有在债务人不能履行债务，并在强制执行其财产后仍不能清偿债务时，保证人才需要履行保证债务的保证方式。一般保证中，保证人对债权人具有先诉抗辩权。

连带责任保证，在债务履行期届满时，债权人既可以请求债务人履行债务，又可以请求履行保证责任。我国《担保法》第19条规定，当保证人与债权人对于承担保证责任的方式没有约定或者约定不明的，推定保证人承担连带保证责任。

[一般保证的保证期间 vs 连带保证的保证期间]

我国《担保法》第25条规定，一般保证的保证人与债权人未约定保证期间的，保证期间为主债务履行期届满之日起六个月。

在合同约定的保证期间和前款规定的保证期间，债权人未对债务人提起诉讼或者申请仲裁的，保证人免除保证责任；债权人已提起诉讼或者申请仲裁的，保证期间适用诉讼时效中断的规定。

《担保法》第26条规定，连带责任保证的保证人与债权人未约定保证期间的，债权人有权自主债务履行期届满之日起六个月内要求保证人承担保证责任。

在合同约定的保证期间和前款规定的保证期间，债权人未要求保证人承担保证责任的，保证人免除保证责任。

《担保法司法解释》第32条对保证期间进行了进一步的规定，保证合同约定的保证期间早于或者等于主债务履行期限的，视为没有约定，保证期间为主债务履行期届满之日起六个月。

保证合同约定保证人承担保证责任直至主债务本息还清时为止等类似内容的，视为约定不明，保证期间为主债务履行期届满之日起二年。

[保证期间与诉讼时效期间区别]

一、诉讼时效是法定期间，是法律上的强制性规定，不能进行约定；保证期间充分尊重意思自治，约定优于法定。二、诉讼时效期间自权利人知道或者应当知道权利受到损害以及义务人之日起计算（依据2017年10月1日起实施的《民法总则》）；保证期间自主债务履行期限届满之日起计算。三、诉讼时效期间是可变期间，因法定事由发生中止、中断或延长的法律效果；保证期间原则上为不变期间。四、诉讼时效期间届满，胜诉权消灭；保证期间经过，保证人免除保证责任，债权人由此丧失实体权利（请求权）。

> 本案涉及的是担保合同纠纷,我代理的被上诉人大同齿轮公司恰是该担保合同的保证人,其对于债务人的借款承担的是连带保证责任。本案还涉及了债权让与问题,债权让与时通知保证人的效力何在?这与债务承担大相径庭。债权转让与债务移转这两对概念应该如何区分?新旧法交替时应该如何适用法律?本篇将围绕这些问题展开论述。

第三人保证责任的承担及免除
——大同齿轮公司担保合同纠纷案

◎ 案例索引

上诉人(原审原告) 华融资管太原办事处

被上诉人(原审被告) 大同齿轮公司

原审被告 利群制药厂

案由 担保合同纠纷

一审法院 山西省高级人民法院

二审法院 最高人民法院

◎ 案件追踪

1994年12月28日至1996年12月20日，利群制药厂向工行大同分行进行了10次贷款，用于生产技术改造、流动资金周转及以贷还贷。大同齿轮厂为其中的6笔贷款，本金共计1028万元提供连带责任保证，担保范围为贷款本金、利息及实现债权的费用。担保期间表述为"自合同签订之日起至本合同项下贷款本息全部还清为止"。

债权人工行大同分行曾向保证人大同齿轮公司发出"承担保证责任通知书"，其内容为"大同齿轮厂保证人：你单位为利群制药厂担保，从我行取得的1028万元贷款已逾期，现还有×万元本息未归还，希你单位做好履行连带保证责任的准备。落款日期1999年11月29日（经查，日期是华融资管太原办事处取得债权后补填）。（大同齿轮公司在该通知上盖章）"。

2000年4月21日，利群制药厂与工行大同分行、华融资管太原办事处签订了《债权转让协议》，工行大同分行将利群制药厂自1994年至1996年从工行大同分行所贷的10笔贷款（包括涉案的6笔贷款）本金共计3762万元及利息的债权转让给华融资管太原办事处，由华融资管太原办事处享有借款合同项下的债权，三方均在转让协议上签字盖章。

贷款到期后利群制药厂未能还款。2001年11月，华融资管太原办事处为实现其债权向山西省高级人民法院提起诉讼，要求利群制药厂偿还其借款本息，大同齿轮公司就涉案的6笔欠款承担连带保证责任。

一审法院经审理认为，第一、二笔贷款发生在《担保法》实施前，根据相应的司法解释，因三方债权转让未通知保证人且有以贷还贷和挪作他用的情况，担保人对该两笔债务的保证责任免除。第三、四笔贷款保证期间至1999年7月23日届满，而债权人在1999年11月29日才主张权利，已超过保证期间。第五笔贷款保证期间届满日为2001年1月26日，权利人在保证期间主张权利，保证人应承担保证责任。第六笔贷款属于以贷还贷，骗保成立，违背担保人的真实意思表示，对此保证人不承担保证责任。

华融资管太原办事处不服一审判决向最高人民法院提起上诉，被上诉人大同齿轮公司委托我作为二审委托代理人。

最高人民法院在审理过程中，组织双方当事人达成和解协议。

◎ 二审代理词品鉴

合议庭：

就本案事实和法律适用代理人提出如下代理意见，供二审法庭合议时参考。

一、关于本案事实

1. 承担保证责任通知书（以下简称"通知"）不具有证明力

该通知具有明显误导和诈欺性质，因当事人意思表示不真实而不符合法律行为的有效构成要件，因而是无效的。首先，该通知意思表示不明，在涉及担保人利益的关键表述上为空白，如担保的数额、通知的日期等。经法庭质证查明该通知的手书部分均为担保人盖章后，华融资管太原办事处补填。其次，该通知本应一式两份，其中一份交由保证人保留，而实际只有一份归华融资管太原办事处留存，致使保证人对通知的内容无据可查。本应是双方一致确认的通知内容成了华融资管太原办事处单方的意思表示。因此，该通知具有明显欺诈性质。此外，该通知就其证明内容而言，属间接证据且未形成证据链。

综上，代理人认为，该通知不能证明华融资管太原办事处在补填的日期向保证人主张过权利，它只能证明在某个时点保证人曾签收过这一通知。华融资管太原办事处应向法庭举证证明其主张权利的具体时间，否则应承担其举证不能的法律后果。

2. 保证人的盖章并不表明对通知内容的认可，更不能视为对原保证法律关系的重新确认

如上所述，保证人盖章是在华融资管太原办事处误导和诈欺下所为，仅表明其曾签收过这一通知。通知在关键内容上空白也无法确认。此外，保证人仅仅盖了章，无任何文字表述其对通知内容的认可。代理人认为，盖章即表示认可只有在双方意思表示真实，权利义务明确的情况下才能成立。如果说盖章就是认可，就是同意，就是真实，那么将无法解释法律行为的无效、可撤销、意思表示不真实等问题。作为法人，其法律行为的意思表示应表现为公章和文字表述相结合，只有其中之一无法视为其进行了真实的意思表示。只有文字表述没有公章，能说明是该法人的行为吗？同样，有公章没有文字表述，能说明法人意思表示的具体内容吗？对法人的意思表示不应去推定，否则就是以判决去代替当事人的真实意思表示，违反法律行为的自愿原则。同样，盖章也不意味追认。追认只有在法律明确规定的情况下才能进行。追认是行为人对以前行为的认可，时间上是指现在对过去的追认。

而本案的情况是盖章在先，手书在后，如果说这是追认在逻辑上不能自圆其说。此外，追认是对合法行为的追认，如果说本案有追认事实的话，那么就等于说保证人在支持华融资管太原办事处做伪证，这显然是说不通的。盖章更不是对保证法律关系的重新确认。超过保证期间债权人未主张权利，保证人已依法免责。根据《担保法》和相关司法解释，保证责任是严格责任。对超过保证期间的如再行承担保证责任，应有保证人明确的意思表示而不是推定。就该通知内容而言，根本不具备保证合同的法律要件。

综上所述，代理人认为这份通知不具有证明力，不能作为定案的依据。

3. 关于以贷还贷

本案所涉六笔借款担保中，多有以贷还贷的事实。代理人认为，在保证人不知情的情况下，以贷还贷就是骗保；同时，以贷还贷应视为主合同已实际履行。无论是哪种情况保证人均应依法免责。首先，以贷还贷足以说明被保证人自身资不抵债，其信用已大打折扣。保证人在进行担保时一般要考虑被保证人的信用，因为被保证人的信用直接影响保证人切身利益，如果保证人知道所担保的借款是以贷还贷，一般是不会进行担保的。如果把担保的风险设定为100%，就不会有担保制度的存在。其次，以贷还贷说明被保证人的借款实际上没有贷出，要求保证人对没有贷出的款项承担保证责任，不符合公平原则。实际上保证人所担保的很可能是一笔烂账，在保证人不知情的情况下，这大大加重了保证人的责任风险。因此，在保证人不知情的情况下，以贷还贷就是骗保。

以贷还贷应视为主合同提前履行。从保证人角度讲,以贷还贷尤其是直接扣划形式的以贷还贷,完全可视为主合同的提前履行。首先,保证人不清楚也没有必要清楚被保证人是否有其他贷款。因此,保证人有理由相信被保证人所还贷款就是本担保合同项下的借款。其次,以贷还贷只是贷款方的一种说法,其目的是降低自身的商业风险,在贷款时间上进行推移。而贷款方内部的管理制度不能对抗善意保证人的利益。最后,货币为种类物,贷款方也无法说清以贷还贷所还的是哪一笔贷款。因此,以贷还贷应视为主合同提前履行,保证责任作为补充责任保证的应是主合同未履行的部分。

综上所述,以贷还贷无论是从骗保还是从主合同履行角度,保证人均应相应地免责。

二、关于法律适用

本案跨越《担保法》。由于法律、司法解释规定不尽一致,给本案法律适用增加了一定难度。代理人认为,涉案的前两笔共计500万元贷款的担保因发生于《担保法》实施前,应适用《最高人民法院关于审理经济合同纠纷案件有关保证的若干问题的规定》(下称保证解释)。根据保证解释第11条规定,属约定不明的担保期限为2年。该两笔贷款的保证期间已经经过。本案没有证据表明华融资管太原办事处在上述担保期间届满之前向保证人主张过权利。通知是有瑕疵的,保证人不予认可。而华融资管太原办事处行使诉权是在2001年1月,因此,该两笔贷款的保证期间经过,保证责任应依法予以免除。

代理人注意到,保证解释第13条即"债权人在保证责任期限内,将债权转移给他人,并通知保证人的,保证人应向债权受让人承担保证责任"。如何理解这一条款，代理人认为，根据担保期限为不变期间的立法精神，该通知是指新的债权人在保证期限内向保证人主张权利。如果新债权人没有在保证期限内向保证人主张权利，保证人应依法免责。该条款也表明债权转让事实本身并不能当然视为通知。本案债权转让协议虽发生在担保期限内，但新债权人并未在原担保期限内通知保证人，保证人直至诉讼时才知道债权转让事实。因此，根据该条解释，保证人的保证责任应当免除。

从另一角度讲，债权转让协议是主债务人放弃时效抗辩与债权人重新确认的协议。根据相应的司法解释，该协议属新的法律关系。而保证人对这种新的法律关系并没有保证的意思表示，何谈保证责任。此外，主债务人放弃时效抗辩不等于保证人也放弃，根据保证解释第16条规定，保证人有权继续抗辩。因此，从主债务人的抗辩角度讲，保证人也应依法免除保证责任。

退一步讲，即使承担保证责任也应除去以贷还贷部分。对涉案的800万元贷款的担保应适用《担保法》和相关担保法的解释。代理人认为，在这笔借款担保中，主合同当事人骗保的意思明确，无疑核保记录即是担保合同。核保记录在先，借款合同在后。借款合同明确规定借款的用途为转担保贷款，而保证人对这一条款不知情。根据《担保法》解释第39条规定，保证人应依法免责。

再退一步讲，即使承担保证责任，根据《担保法》解释第28条的规定，其也应是对主债务人自有抵押担保清偿之后的不足部分承担补充责任，且有权在清偿之后向主债权人进行追偿。

综上所述，原审认定事实清楚，适用法律正确，上诉人的上诉理由不能成立。恳请二审法院驳回上诉维持原判。我们的代理意见，请二审法庭考虑。

此致

最高人民法院

被上诉人委托代理人：北京中洋律师事务所

刘福奇律师

山西圣唯律师事务所

李飞律师

2002 年 10 月 8 日

◎ 案例评析

案经最高院两次庭审，本案所引发的问题是以贷还贷担保人是否承担担保责任的法律问题。第一、二笔贷款发生在《担保法》实施前，根据相应的司法解释，因三方债权转让未通知保证人且有以贷还贷和挪作他用的情况，担保人对该两笔债务的保证责任免除。第三、四笔贷款保证期间至 1999 年 7 月 23 日届满，而债权人在 1999 年 11 月 29 日才主张权利，已超过保证期间。第五笔贷款保证期间届满日为 2001 年 1 月 26 日，权利人在保证期限间主张权利，保证人应承担保证责任。第六笔贷款属于以贷还贷，骗保成立，违背担保人的真实意思表示，对此保证人不承担保证责任。

保证合同是单务合同，保证人在保证合同中仅负有义务而不享有相应的权利，因此，保证人在为债务人与债权人签订保证合同时应该格外审慎，对保证责任形式、保证期间、保证期间的起算时间点、保证责任的免除等均要有明确认识，这有利于维护自身合法权益，合理地承担保证责任。

◎ 案件提示

[保证责任的免除]

对已生效的保证责任基于法律规定或当事人约定加以除去，保证人不再承担保证责任的情形。

其中，免除保证责任的主要法定事由：

①保证期间内，债权人未经保证人同意，转让部分或全部债权给第三人（受让人）的，保证人对未经其同意转让部分的债务不再承担保证责任。

②一般保证的情况下，保证期间届满，债权人未对债务人提起诉讼或者申请仲裁的，保证人免除保证责任。在连带责任保证的情况下，保证期间届满，债权人未要求保证人承担保证责任的，保证人免除保证责任。

③主合同双方当事人协议以新贷偿还旧贷（以新偿旧），除保证人知道或者应当知道的外，保证人不承担民事责任。但新贷与旧贷是同一保证人的除外。

④债权人与债务人协议变更了主合同，但未经保证人同意，如果加重债务人债务的，保证人对加重的部分不承担保证责任。

主要的约定事由：①保证人与债权人事先约定仅对特定的债权人

承担保证责任或者禁止债权转让的，保证期间内，债权人将主债权转让给第三人的，保证人不再承担保证责任。

②主合同解除，保证合同作为从合同亦随之解除，免除保证人的保证责任。

③债权人与保证人双方就解除保证合同达成合意的。

[债的移转]

分为债权让与（债权人变更）、债务承担（债务人变更）以及债权债务概括移转（债权债务一并移转）。

债权让与：在不改变债的内容及客体的情况下，债权人将其债权移转给第三人（受让人）的处分行为。我国《合同法》第80条规定，债权人转让权利的，应当通知债务人。未经通知，该转让对债务人不发生效力。债权人转让权利的通知不得撤销，但经受让人同意的除外。债权让与应当通知债务人，否则对其不发生效力。需要注意的是，债权让与合同本身在债权人与受让人之间仍然有效。这里的通知相当于债权人的意思表示。

债务承担：在不改变债的内容的情况下，由第三人（受让人）承担债务人的部分或全部债务的法律行为。债务承担一般可分为免责的债务承担与并存的债务承担（即债的加入）。一般所说的债务承担是免责的债务承担。债务承担合同中最主要的生效要件——债务承担需经债权人同意。否则，债务不能发生移转，这点要与债权让与中的"通知债务人"进行区分。

[以新贷还旧贷与保证责任]

①最高人民法院《关于适用〈中华人民共和国担保法〉若干问题的解释》未出台之前。

司法实践中,双方当事人签订的借款合同有新贷偿还旧贷的共同意思表示的,如果合同内容没有违反我国现行法律或行政法规,则认定合同有效。其中,如果新贷与旧贷是同一保证人的,即使保证人不知道或者不应当知道主合同当事人双方协议以新贷偿还旧贷,保证人仍需承担保证责任。

②最高人民法院《关于适用〈中华人民共和国担保法〉若干问题的解释》出台后。

依据《担保法司法解释》第39条规定,主合同当事人双方协议以新贷偿还旧贷,除保证人知道或者应当知道的外,保证人不承担民事责任。新贷与旧贷系同一保证人的,不适用前款的规定。由此可知,保证人不知道或者不应当知道主合同当事人双方协议以新贷偿还旧贷的,保证人不承担保证责任。

需要特别指出的是,借新贷还旧贷,是在贷款到期债务人不能按时还款的情况下,作为债权人的金融机构与债务人另行订立的合同,约定向债务人发放新贷款以偿还到期的旧贷款的行为。虽然新贷代替了旧贷,但原有的债权债务关系并没有消灭,客观上只是以新贷的形式延长了旧贷的还款期限。该行为与债务人清偿贷款有着本质的区别。

[新旧法律适用]

案件在审判过程中新法生效，未决案件应该适用新法还是旧法的问题就是法律适用问题。无论刑法、民法还是司法解释等都可能遇到新旧交替的情况。一般情况下，新旧法的适用有迹可循：

①刑法：遵循"从旧兼从轻"原则，即新法发生效力时的未决案件原则上依旧法处理，但是新法的规定有利于行为人的，应依新法处理。

②民法：遵循"从新"原则，即新法发生效力时的未决案件依新法处理，但法律另有规定的除外。

③司法解释：以被解释的法律效力为依据，即司法解释的效力存续期间由被解释的法律决定。

④针对同一问题不同法律有不同规定，其中部分法律变动的：遵循"新法优于旧法"以及"特别法优于一般法"的原则。需要指出，如果普通法的新法与特别法的旧法发生法律冲突的，一般由有权机关裁决适用法律。

合同意味着责任,违约就要担责,然而承担责任的范围不应该是无止境的——守约方如何主张损失,违约方就如何补偿。违约责任与违约行为应相适应。在这个建筑工程合同纠纷案件中,我的委托人即本案被告无可避免地需要承担违约责任,但是究竟应当承担多大的违约责任?守约方对于"防止损失的扩大"又应如何作为?希望大家通读本篇之后,对守约方有责任"采取补救措施防止损失的扩大"这一法律规定有更深入的理解,在实践中进一步规范作为合同守约方的行为。

合同违约,守约方如何"防止损失的扩大"?
——顺规建筑公司建筑工程合同纠纷案

◎ 案例索引

上诉人(原审原告) 中岛公司

被上诉人(原审被告) 顺规建筑公司

案由 建筑工程合同纠纷

一审法院 北京市顺义区人民法院

二审法院 北京市第二中级人民法院

◎ 案件追踪

2002年7月5日,中岛公司与顺规建筑公司签订了《中岛寻呼办公楼基础打桩合同书》,合同约定由顺规建筑公司为中岛公司实施钢筋混凝土打桩工程,共76根,工期为7天,工程款为11万元人民币,首付5.5万元,施工后由双方验收合格后付清尾款。双方还约定若工程未通过验收,顺规建筑公司应在3天内退回已付工程款5.5万元。

签约后,中岛公司支付顺规建筑公司工程款5.5万元。工程完工后,双方对该工程进行验收,验收时发现顺规建筑公司施工中将原计划使用直径20毫米的钢筋误用了18毫米的。故2002年9月17日,中岛公司、顺规建筑公司及设计方和施工方四方对此形成了"验桩备忘录",并明确"合同的甲乙双方和设计方'泛华公司'将尽快积极协商出补救方案"。

9月20日,中岛公司单方实施了减层减高的施工方案。9月26日,顺规建筑公司有关专家到现场与中岛公司协商,指出用补桩方法完全可满足中岛公司的原设计要求。然而,此时中岛公司已经径行下一施工程序,致使顺规建筑公司无法补救。经双方协商不成,中岛公司向北京市顺义区人民法院提起诉讼,主张了八项请求,共计68万元,其中主要涉及减层减高的经济损失。对此,顺规建筑公司辩称用错钢筋是事实,工程本可以补救,但中岛公司却没给顺规建筑公司补救的机会,致使损失扩大,扩大的损失应由中岛公司自行承担。

北京市顺义区人民法院经审理认为,恪守合同是当事人双方职责。顺规建筑公司在与中岛公司签订《中岛寻呼办公楼基础打桩合同》后,即委托第三方进行施工。在施工过程中,由于顺规建筑公司监管不力致使施工中的主要建筑材料——钢筋被错用,该工程在验收时被查出存在严重质量问题(钢筋用错)。对此,顺规建筑公司应承担全部责任。嗣后,顺规建筑公司与施工方邀专家到现场决策补救方案。经专家论证,提出两全补救方案(既能满足设计要求,又经济)。然而,顺规建筑公司、施工方与中岛公司协商时,中岛公司只是善意应付,避开补救方案的协商。与此同时,中岛公司径行将单方拟定出的减层降高的昂贵的补救方案报送到设计单位,在设计变更后,便快速展开地面施工,致使可以补救的损失未得到补救。中岛公司的此举与法律规定的善意补偿宗旨相背离。但应指出,由于顺规建筑公司违约,中岛公司未支付的工程款不再给付;已付工程款应退回,其他相应的经济损失应予以赔偿;施工现场存在的垃圾由顺规建筑公司运走。根据合同法相关规定,判决:中岛公司尚未支付顺规建筑公司的工程款5.5万元不再给付;顺规建筑公司赔偿中岛公司10万元(其中退付预交工程款5.5万元,其他赔偿金4.5万元)。

中岛公司不服提起上诉,在二审法院主持下,顺规建筑公司在原判决的数额基础上增加1万元赔偿金,最终,双方以调解结案。

◎ 一审代理词品鉴

尊敬的审判长:

我们受本案被告顺规建筑公司的委托,北京中洋律师事务所的指派,依法出席了本案的一审法庭。根据相关法律法规的规定,结合本案事实,我们提出如下代理意见,请法庭给予考虑。

一、中岛公司诉讼请求没有法律依据且超出顺规建筑公司签约时的预见

顺规建筑公司误用 18mm 的钢筋不符合原设计要求,是本案不争事实。但顺规建筑公司的违约从性质上讲不是根本违约,而是履约不适当,即顺规建筑公司的违约并没有影响合同目的实现,也没有实质剥夺中岛公司的实际利益。顺规建筑公司的违约是可以补救的,而中岛公司单方改变设计并继续施工致使顺规建筑公司无法补救。因此,中岛公司所谓的损失与顺规建筑公司的违约没有必然因果关系,应由中岛公司自行承担。

中岛公司所列损失有实际损失和期待利益的损失。其中减层、减高及房租的损失属于期待利益的损失。首先,减层的损失因中岛公司并未将办公楼实际投入使用,因此这种损失是不存在的,是臆想的。如果说减层是由中岛公司造成的,不仅没有法律依据而且在逻辑上也不成立。因为减层的结果是中岛公司减少了建设成本,在一定意义上讲,这不是损失而是收益。按照法律规定的损益相抵原则,亦不存在顺规建筑公司的赔偿问题。其次,减高的损失更是难以确定的,而且减高并未影响该建筑的使用功能,其能够得以批准施工就证明了这一点。中岛公司所主张的房租只是中岛公司正常的生产经营性支出,与顺规建筑公司的违约没有因果关系,不应由顺规建筑公司承担。而且这些损失的计算不仅没有法律依据且已远远超出顺规建筑公司签约时的预见。因为双方在合同中明确约定了违约赔偿数额,这种约定违约金具有法律效力。根据约定,顺规建筑公司对这一违约行为所承担的违约金的最高限额应为11万元人民币,而中岛公司提出的索赔数额已远远超过这一数字。因此,根据《合同法》第113条的规定,顺规建筑公司不应承担额外的赔偿责任。

二、中岛公司单方更改设计方案的行为不符合法律规定的"适当措施"

《合同法》第119条规定了守约方有减轻损失的义务。这种义务是法定的和强制的。也就是说在当事人一方违约后,另一方应采取适当措施防止损失扩大,否则不能就扩大损失部分要求赔偿。那么,本案的关键是中岛公司单方更改设计方案的举措是否是适当的。显然,如果中岛公司采取的更改设计方案的措施是合理措施,那么顺规建筑公司应予以赔偿;否则,顺规建筑公司就不应赔偿。

何为适当措施,法律并无明确的规定。代理人认为,适当措施应具备相应的法律要件。这种措施应该是最优的、经济的和善意的。就本案而言,最优即是在有多种供选择的方案中选择最高效的,而事实上,在至少有二种补救方案的情况下,中岛公司选择了变更设计方案这一措施;经济的是指时间上和金钱上是最节省的。补26根桩需要花费3万元,而变更设计方案却造成了"68万元"的经济损失;善意的是指应适当为违约方考虑。既要使施工符合设计,还要顾及施工方的利益,而不仅仅是考虑己方利益试图免付工程款和减少建设成本。综上,代理人认为,中岛公司单方更改设计方案的行为不能视为法律意义上的"适当措施"。因此,因改变设计方案所造成的损失应由中岛公司自行承担而不应由顺规建筑公司承担。

三、中岛公司单方改变设计方案并继续施工是严重违法的

1. 中岛公司作为建设单位因没有设计资质而无权更改设计方案。设计方案的修改必须由原设计部门提出，重大的修改需报原批准单位批准方可修改。

2. 中岛公司在桩基验收不合格的情况下继续进行上述施工违反了《建筑法》和《合同法》中关于不合格工程不能交付使用的相关规定。中岛公司应对其不负责的行为承担建筑安全相关的法律责任。

3. 根据《建筑法》第60条及《建筑勘察设计管理条例》第3条规定，建筑单位、勘察设计单位、施工单位、工程监理单位依法对建设工程承担质量责任。尤其是顺规建筑公司作为基础施工单位要对建筑物合理存续期间负责。也就是说工程质量问题不仅是建设单位的责任，也是上述其他各方的责任。作为施工方的顺规建筑公司有责任也有权利对工程质量负责。中岛公司擅自改变设计方案并继续施工是对顺规建筑公司合法权益的侵犯。因此，中岛公司应对其违法违规行为承担相应责任。

四、顺规建筑公司补桩的补救方案在技术上可行，在法律上有依据

我国《建筑法》第60条、《合同法》第281条以及国务院《建设工程质量管理条例》第32条对建筑工程均有相关规定，当不合格的工程出现后，施工单位有义务修复、返修、返工，直至合格。因此，顺规建筑公司提出补救方案是有法律依据的。正因为建筑工程百年大计、质量第一，要对人民的生命健康和财产负责，因此建筑工程不应有任何瑕疵。施工方有义务也有责任进行补救直至合乎国家标准和设计标准。通过专家认证，补救方案是可行的，在经济和时间上是最节

省的。而遗憾的是中岛公司对这一方案没有采纳并背着施工方自行改变设计方案，并擅自进行下一道工序，致使本案丧失了最佳补救机会。

五、中岛公司违反诚信恶意转嫁商业风险

中岛公司违反诚信原则。在顺规建筑公司请各方专家积极寻找解决方案的同时，中岛公司早已于 9 月 20 日即"验桩备忘录"签署的第二天就已单方改变了设计方案，没同顺规建筑公司协商。在顺规建筑公司的一再要求下，中岛公司于 11 月 11 日将变更后的设计方案传至施工方，顺规建筑公司此时才得知方案已修改，补救方案已无研究必要。可以看出，中岛公司继续施工造成了损失是既成事实，根本没想也没有给顺规建筑公司补救的机会。其目的是利用合同约定免交工程款，同时降低建设成本，转嫁商业风险。

我们的代理意见，请一审法庭考虑。

谢谢法官！

被告委托诉讼代理人：北京中洋律师事务所
刘福奇律师
曹克全律师
2002 年 12 月 16 日

◎ 案例评析

这是一个必输的官司，但输到什么程度，是本案的关键所在。什么"非典"特殊期间，夜间进料都不是抗辩理由。这是我驾驭庭审最满意的一次代理经历之一，体现了律师驾驭庭审的能力。案件确实被动,由于顺规建筑公司的失误造成材料用错,地基强度不够改变设计减层减高似乎很正常,顺规建筑公司看似应承担补救措施的全部经济损失。但当我们了解了整个案件经过,咨询了相关基础工程的专家后,察觉我们并非被动应诉。

本案的关键是中岛公司擅自变更设计方案并施工的行为是否是适当的补救措施,而法律并没明文规定什么措施是合理的,这完全是律师从个案角度分析判断并令法庭信服的过程,是律师辩护技巧的展现。庭审中,我通过《合同法》相关规定论证守约方——中岛公司负有采取补救措施防止损失扩大的义务。而补救措施应该是适当的,对此法律没有明文规定,所以我列出了一个对适当的补救措施的自我认知标准,通过将中岛公司的实际行为一一代入,得出其采取的补救措施并非适当,没有采取有效措施防止损失的扩大,应该自行对损失扩大的部分负责。

◎ 案件提示

[守约方——减损规则]

我国《合同法》第119条规定,当事人一方违约后,对方应当采取适当措施防止损失的扩大;没有采取适当措施致使损失扩大的,不得就扩大的损失要求赔偿。当事人因防止损失扩大而支出的合理费用,由违约方承担。该条即是减损规则,目的在于防止损失的扩大。当一方当事人违反合同时,守约方不能任凭损失的扩大,而应当采取积极措施,尽量避免或者减少可能造成的损失,将损失降至最低。这是对合同出现违约时，守约方的义务进行的法律规定。如若守约方无动于衷，任凭损失扩大，则其无权就其没有及时采取措施致使损失扩大的部分，要求违约方进行赔偿。

这样规定的原因在于对于违约责任主要是补偿性财产给付责任，采取"填平"原则，即强制违约方"填补"守约方因违约所遭受的财产损失，最终达到"填平"损失的效果。如若守约方以消极的不作为方式，放任损失的扩大，致使违约方承担更大的损失责任，则不符合行为与责任相适应，更是与"填平"原则相悖。因此，该条规定在一定程度上有利于减少矛盾冲突，维护社会稳定。

[减损规则——措施的适当性]

"适当措施"是个不确定的概念，需要法官在具体的案件中结合案件实际情况进行价值判断，使"适当"的概念具体化。个人认为，对"适当措施"的判断以社会一般人的客观认知水平及能力为标准即可，对措施的适当性进行从宽把握。因为合同违约方是导致损失产生的根源，不能使减损规则成为违约方推卸责任的法律依据。具体案件中，将情形是否紧急，采取措施是否及时，有无可以减少损失的替代措施，存在多种减损方式时哪种减损方式性价比更高，是否有悖商业道德和法律法规等综合予以考虑，作出判断即可。

> 本案涉及的是储蓄存款合同纠纷，以今天的法律法规以及司法水平看，该案并没有得到公正的裁判。但是我当时提出的法律观点仍可以适用于今日的类似案件。与挪用公款、贪污等违法行为存在一定交叉点的"公款私存"行为应该如何认定？如何正确区分"公款私存"与"公对私的正常交易结算"？这些看似应属于专业领域的概念，在日常经济往来中时有出现，应该得到我们的正确理解与把握，这有利于维护公司、企业或个人的财产安全。

"公款私存" vs "公对私的正常交易往来"
——储蓄存款合同纠纷案

◎ 案例索引

上诉人（原审原告） 李某某
被上诉人（原审被告） 鞍山商业银行
原审第三人 工程公司
案由 储蓄存款合同纠纷
一审法院 鞍山市中级人民法院
二审法院 辽宁省高级人民法院

◎ 案件追踪

1999年7月29日，李某某与工程公司的财务人员共同到鞍山商业银行处，持工程公司开具的以购货款为用途的三张现金支票，金额共计80万元，将该款以李某某名义存储于鞍山商业银行。当日鞍山商业银行以该行内部往来报单的方式将该款转至储蓄专柜，并开出一张单码为0038832的整存整取定期储蓄存单，期限为三年，户名为李某某。李某某在收到该存单后向工程公司的财务人员出具了一张收条，即"收定期存单80万元"。同年10月8日，工程公司以该款属于其公司所有为由，要求鞍山商业银行将该款转回其公司账面，同日，鞍山商业银行又以内部往来报单的方式将该款转回工程公司账户内。

李某某认为其是这一款项的合法所有人，鞍山商业银行未经其同意将该款转出，侵犯了储户的合法权益，因此李某某诉至鞍山市中级人民法院，要求鞍山商业银行恢复存单上的款项并赔偿相应的利息损失。

鞍山市中级人民法院经审理认为，该款式系单位资金公款私存，不符合票据的真实法律关系。李某某与鞍山商业银行明知该80万元存款系单位资金，但在李某某的要求下，鞍山商业银行允许其以个人名义开立账户存储，该行为违反了《金融违法行为处罚办法》的有关规定，属违法行为，该转存行为无效，鞍山商业银行依据该款的来源将其退回于法有据，应予恢复。法院判决驳回了李某某的诉讼请求。李某某不服向辽宁省高级人民法院提起上诉，并委托时在北京建元律师事务所的鲁哈达律师和我作为其二审的委托代理人。

辽宁省高级人民法院经审理认为，李某某与工程公司协商，并通过鞍山商业银行办理，将工程公司的80万元转至李某某个人账户存储，上述行为违反了国务院关于《金融违法行为处罚办法》第15条第2款的有关规定，原审认定该行为无效正确。李某某在上诉中提出该80万元的存款合法有效，应恢复其在商业银行的存款80万元并由商业银行赔偿其利息损失等理由没有事实和法律依据，法院不予支持，原审以工程公司与李某某对该款项所有权的主张系另一法律关系，不予受理并无不当。二审法院判决驳回上诉，维持原判。

◎ 二审代理词品鉴

审判长、审判员：

北京市建元律师事务所接受本案上诉人李某某的委托并指派我们作为其委托代理人出席今天的二审法庭，根据我国法律的相关规定和法庭查明的事实，我们认为，原审法院对本案认定事实不清，适用法律不当，恳请二审法院查明事实，依法改判。

一、原审认定事实不清

1. 原审认定80万元存款为单位资金没有事实依据。上诉人向法庭提供的存单表明，上诉人是这一存单的合法持有者。该存单是真实的，已经公证的事实表明了这份存单的真实性和合法性。被上诉人对其真实性也无异议，如果没有相反证据，那么法律上认可的存单所有者只能是上诉人。因此，原审认定该存单系单位资金没有事实依据。

2. 原审认定80万元是单位资金的理由不成立。原审认定的依据是本案第三人鞍山市交通筑路工程公司开具的现金支票。按原审的逻辑，存单上的80万元是第三人开具的现金支票转来，因此是第三人的。这种认定理由不充分。代理人认为，资金来源只能说明一种事实而不能说明资金所有权的归属。按原审判决的说法，第三人向任何人开出的现金支票均归其所有，这显然是不成立的。就本案而言，该笔款项存在多种可能性：A. 归上诉人所有；B. 归第三人所有；C. 上诉人向第三人借款；D. 第三人向上诉人还款；E. 第三人代其他人向上诉人支付。原审法院在存在多种可能性的情况下，断然认定款项归第三人，其法律依据何在？因此，原审不顾存单所记载的存单持有人，以资金来源推断该资金的所有权归属没有法律依据。

原审认定80万元系公款同样没有法律依据。中国人民银行关于执行《储蓄管理条例》的规定中，对"公款"的概念和范围作了严格的界定。据此规定，公款的范围包括：凡列在国家机关、企事业单位会计科目的任何款项，各保险机构、事业单位收取的保险金存款，属财政性存款范围的款项，国家机关和企事业单位存有的现金。以上是公款所指的范围。而本案根本不是这种情况，原审已查明第三人是假集体真个人，其背后即是上诉人和第三人的法定代表人。因此，本案不存在什么公款问题。双方从几年前在没有合伙协议的情况下即合伙经商，款项的归属因没有协议约定而无法界定，在说不清的情况下，存单记载已表明是上诉人的存款，原审为何不认定？

要说明的是本案审理的是存单纠纷，至于资金的来源不是本案的审查范围。票据的无因性告诉我们，只要持票人占有票据，一般不问原因和资金的关系，这不仅是商业习惯，也是国际惯例。

二、原审适用法律不当

1. 本案系存单纠纷，应适用《中华人民共和国商业银行法》和《储蓄管理条例》相关规定。而原审撇开调整储户和银行存储法律关系的上述法律、法规不适用，而适用《金融违法处罚办法》。代理人认为，被上诉人违规操作，具体应受到什么处罚是金融主管部门与被上诉人之间的行政法律关系，不能因行政处罚而免除被上诉人的民事责任。本案系平等主体间的民事法律关系纠纷。因此，原审混淆了两种不同的法律关系，用行政处罚代替了民事责任。

2. 原审适用法律不当，具有明显的主观倾向性。我国法律规定了无效合同的三种处理方式即收缴、返还和赔偿。原审在认定存单法律关系无效的同时，没有对造成无效的责任方即被上诉人作出相应的惩罚，而被上诉人承担赔偿责任的主张又在上诉人诉讼请求的范围之内。因此，原审在适用法律上断章取义，表现出了一定的主观倾向。

被上诉人违法操作，严重侵害上诉人的合法权益。上诉人与被上诉人因存单的真实性而形成储蓄存款合同法律关系，这种法律关系应受法律保护。被上诉人在未经上诉人同意，没有任何法律依据的情况下，在上诉人定期储蓄存款未到期时，擅自将该笔款项划走，已严重损害了上诉人的合法权益。

3. 被上诉人的行为违反了我国《商业银行法》关于禁止非法查询、冻结、扣划个人储蓄存款的规定：

A. 违反了《银行结算办法》关于谁的钱入谁的账，归谁支配的有关规定；

B. 违反了《储蓄管理条例》关于定期存款未到期提前支取的有关

规定；

C. 违反了《中华人民共和国居民身份证管理条例》关于身份证证明本人身份的规定。

综上所述，被上诉人在这一存单纠纷中违法、违规操作，致使上诉人存款受损，而原审法院对事实认定不清进而错判，使上诉人的合法权益未能得到法律保护，恳请二审法院依照事实和法律，对本案作出公正合理的裁决。

此致

辽宁省高级人民法院

上诉人委托代理人：北京市建元律师事务所

鲁哈达律师

刘福奇律师

2000年11月12日

◎ 案例评析

这是一起典型的存单纠纷案。双方争议的焦点是银行有无权力划转涉案存单的款项。本案李某某以其与鞍山商业银行之间成立的储蓄存款合同作为请求权的基础提起诉讼，最终没有得到法院支持。案件的关键在于李某某与鞍山商业银行之间的存储法律关系是否受法律保护，双方是否形成了合法有效的储蓄存款合同法律关系。

本案中，一、二审法院均认定鞍山商业银行明知该资金归工程公司所有，而将涉案款项转存至李某某个人账户，其行为违反了《金融违法行为处罚办法》第 15 条第二款有关禁止公款私存的规定，而致使转存行为归于无效。

站在今天的视角看，这份判决显然是混淆了公款私存与日常交易结算中公账户对私账户正常的经济往来。如若案件发生在今日，李某某凭借款项合法的相关凭证（购销合同等）就可以证明其与工程公司的转账合法有效，鞍山商业银行擅自将其名下的合法存款转至工程公司的行为是侵犯储户财产安全的行为，应该予以返还并赔偿相应的利息等经济损失。很遗憾，当年这起案件未能得以公正审判，但是反观近 20 年的相关立法，不得不为我国法制的进步而感到自豪。

诚然，如果当年李某某改变诉讼策略——以工程公司为被告，以鞍山商业银行为第三人，以买卖合同纠纷为案由起诉工程公司给付相应货款，可能案件也存在一定的生机。本案告诉我们正确区分公款私存与交易中公账户对私账户结算是十分必要的，无论是公司、企业还是个人，掌握一定的财务知识对于处理日常的经济往来都是大有裨益的。

◎ 案件提示

[公款私存]

《金融违法行为处罚办法》第 15 条第二款明文规定，要求金融机构办理存款业务不得明知或者应知是单位资金，而允许以个人名义开立账户存储。并对具体处罚办法进行了规定。需要明确的是，公款私存是为了预防国有或共有财产本金及利息的流失，其与挪用公款罪、贪污罪存在着类似之处。该条文是从金融机构即银行的角度对相关的违法行为进行预防，在实践中也确实存在一定的预防效果。此外，2015年10月1日起实施的《商业银行法》第48条第二款规定"任何单位和个人不得将单位的资金以个人名义开立账户存储"。由此可知，公款私存是指单位或个人将公款以个人名义转为储蓄存款的行为。公款私存在实践中常表现为对内转存而非对外向其他个人账户转存，这就涉及与公账户对私账户进行交易结算的区分问题。

[公账户对私账户结算]

在日常交易结算过程中，将公账户中的资金转给存款人凭个人身份证件以自然人名称开立的银行结算账户是允许的，只需符合一定要求。依据2003年9月1日起施行的《人民币银行结算账户管理办法》第四十条规定，单位从其银行结算账户支付给个人银行结算账户的款项，每笔超过5万元的，应向其开户银行提供下列付款依据：（一）代发工资协议和收款人清单。（二）奖励证明。（三）新闻出版、演出主办等单位与收款人签订的劳务合同或支付给个人款项的证明。（四）证券公司、期货公司、信托投资公司、奖券发行或承销部门支付或退还给自然人款项的证明。（五）债权或产权转让协议。（六）借款合同。（七）保险公司的证明。（八）税收征管部门的证明。（九）农、副、矿产品购销合同。（十）其他合法款项的证明。从单位银行结算账户支付给个人银行结算账户的款项应纳税的，税收代扣单位付款时应向其开户银行提供完税证明。

根据该条规定，可以看出法律并不禁止日常交易结算中出现公账户资金转账至个人结算账户，但是对该行为实行严格的监管，5万元以下的款项无须其他凭证单位会计前去银行办理，在转账用途上做好标注即可。超过 5 万元的，则需要持有证明转账款项是实际交易结算中产生的合法款项。需要注意的是，单位财务对于相关款项也是要进行财务记账的。该条文既将正常的交易往来与公款私存进行了有效区分，又确保了公对私交易结算的正常进行。

> 无论是自然人还是法人、非法人组织都处于社会关系之中,受社会评价的影响,据此产生的名誉权受到法律明文保护,名誉权是精神性人格权,是非常重要的权利之一。那么,如何认定侵犯名誉权的行为之存在?侵犯名誉权时对于侵权人的行为主观方面的要求如何?侵犯名誉权的主要构成要件有哪些?因侵犯名誉权而承担责任的方式又有哪些……针对这些问题,希望本篇可以给大家带来启发。值得一提的是,本案的代理词经整理以"新闻侵权的主观要件"为题被刊载于《中国律师》杂志上。

新闻传媒匡扶正义有风险

——中央电视台记者骆某某、王某名誉权纠纷案

◎ 案例索引

原告 石家庄某小儿脑瘫康复中心

被告 骆某某(时为中央电视台记者)、王某(时为中央电视台记者)、健康时报社

案由 名誉权纠纷

一审法院 北京市丰台区人民法院

◎ 案件追踪

据群众举报，石家庄某小儿脑瘫康复中心夸大宣传、行医方式野蛮粗暴。在那里，脑瘫患儿不仅没有得到有效治疗，反而受到难以置信的肉体摧残和心理伤害。为此，作为记者的骆某某、王某假借患儿家属的身份对这家康复中心进行了暗访并用视听录像的方式记录了暗访全过程。中央电视台午间新闻对此作了报道。骆某某、王某二人在没有特指的前提下写了一篇题为"脑瘫患儿的恶梦"的文字新闻，报道了该康复中心在治疗过程中的相关情况。与此同时，2000年1月6日，《健康时报》对该篇文章进行了转载。并将标题改为"是'神医'治脑瘫，还是对患儿进行摧残？"，副标题为"暗访石家庄某'小儿脑瘫康复中心'"，落款是中央电视台记者骆某某、王某。

2000年11月，石家庄某小儿脑瘫康复中心以骆某某、王某以及《健康时报》报道严重失实，尽污辱诋毁之能侵犯名誉权为由向北京市丰台区人民法院提起诉讼，要求骆某某、王某以及健康时报社恢复其名誉、消除对其造成的不良影响并向其赔礼道歉，并请求法院判令三被告赔偿其10万元的经济损失。骆某某、王某辩称报道情况属实，没有侮辱性语言，二人是在履行新闻工作者的职责。本案因是"打假者反被告"第一案，且涉及多家新闻媒体而备受社会公众的关注。本案经历了三次开庭，双方诉辩激烈。经北京市丰台区人民法院调解，双方达成和解，石家庄某小儿脑瘫康复中心撤回起诉，本案至此了结。

◎ 一审代理词品鉴

尊敬的审判长及合议庭成员：

我们受本案被告骆某某、王某的委托，作为其委托代理人出席本案的一审法庭，根据法律规定和相应司法解释，结合本案查明的事实，我们向法庭提出如下代理意见，恳请法庭合议时考虑。

一、骆某某、王某报道的情况客观属实，评价亦恰当准确

必须向法庭澄清的是，《健康时报》发表的稿件已不是我当事人的原稿，其内容、结构、言辞表述、主观色彩等与原稿大相径庭。而这种改动是未经骆某某、王某同意的。因此，《健康时报》应为其自身行为承担相应的法律后果。

骆某某、王某原稿所报道的系列事实涉及：这样的康复中心是否存在？在其经营过程中是否做了误导宣传？是否使用了不当的按摩方法给一些患者造成了伤害？医疗条件是否简陋？医风是否粗暴？从业人员素质是否较低……因为是事实，所以存在有无和真假的问题。骆某某、王某向法庭提供的暗访视听资料和诊断病历及其他证据无可辩驳地证明了报道内容的真实性。石家庄某小儿脑瘫康复中心向法庭提供的证据不能否认上述事实，而且代理人注意到石家庄某小儿脑瘫康复中心举非所证、答非所问。其举证仅能证明其行医的主体资格及其治疗效果，而这些均不是本案诉争的焦点。此外，其所谓的治疗代价的主张亦不能成立。诚然，任何治疗都要付出一定的代价，这是医学发展水平所无法克服的问题而不是人为的后果。

骆某某、王某报道中对该康复中心作出的评价是基于上述事实，评价亦恰当准确，原稿中并未出现污辱性语言。正如我们说胡某某是神医，李某某是个大骗子，不能说这是在侵害其名誉权，因为这是事实。因此，石家庄某小儿脑瘫康复中心诉称骆某某、王某侵害其名誉权没有事实和法律依据。

二、石家庄某小儿脑瘫康复中心诉称骆某某、王某侵权的主观要件不成立

根据相关法律规定，构成侵权必须同时具备四个要件，其中要件之一是主观必须有过错，而过错又分故意和过失。就新闻侵权而言，故意表现为故意作虚假报道，故意诋毁他人的信誉和商誉等；而过失则表现应该审查而没有审查。法律没有规定新闻侵权的主观要件是故意还是过失，但代理人认为，新闻侵权的主观要件应为故意而不应为过失。理由是：

1. 以过失认定侵权不符合新闻工作的职业特点。新闻的即时性要求新闻记者在短时间内将新闻见诸媒体。因此，它不可能既确保整体的真实性又保证细节的真实。因此，以应该审查而未审查即构成侵权是对新闻记者的主观苛求。

2. 以过失认定侵权不符合言论自由原则。新闻报道影响的是社会公众对被报道对象的主观评价，有则改之，无则加勉。个别地方报道有误，更正即可，这种更正既在新闻影响的范围内，又可以恢复社会公众评价。其不同于国家司法判决和行政处罚等，可以直接影响他人的人身及财产权利。因此报道过失不宜上升到调整民事法律关系的层面。

3. 故意和过失都是行为人对行为结果所持的主观心理态度，故意无疑较过失恶劣，应承担更大的责任，而过失是相对谨慎的。本案中，涉案新闻报道的社会价值已远远超过其负面影响，因此，如若法律不顾报道的社会积极意义而让仅是存在报道过失的新闻记者承担民事责任显然不符合常理。

4.以过失认定侵权不利于发挥舆论监督作用，会严重扼杀新闻工作者的主观积极性。舆论监督在促进社会公正、弘扬正气、揭露伪科学等方面正日益发挥着重要作用，相应地，新闻侵权案件也不断增加。依据目前相关法律规定，石家庄某小儿脑瘫康复中心可以选择诉讼主体，代理人认为，新闻记者报道系职务行为，媒体是新闻的最后关口，所谓文责自负没有法律依据。这种规定一方面可能使真正的责任者规避法律制裁，同时也使记者可能承担巨额的民事赔偿。在这种情况下，谁还敢去履行舆论监督的职责？谁还敢大胆地报道？又有谁去揭露社会丑恶现象？

反观本案，骆某某、王某与石家庄某小儿脑瘫康复中心素不相识，根本不存在故意侵害他人名誉权的动机。骆某某、王某的报道完全是在履行新闻工作者的职责，呼吁社会关注这一群体，唤醒人们的良知，这与名誉侵权风马牛不相及。

综上所述，原稿报道客观准确，石家庄某小儿脑瘫康复中心诉称骆某某、王某侵权的主观要件不成立。我们的意见，恳请法庭考虑。谢谢！

此致

北京市丰台区人民法院

被告骆某某、王某委托代理人：北京中洋律师事务所

刘福奇律师

福建至理律师事务所

徐晓江律师

2001 年 7 月 31 日

◎ 案例评析

　　一个复杂案件的胜诉离不开法律关系的正确梳理以及诉讼方案的巧妙制定。本案原告石家庄某小儿脑瘫康复中心曾上过《东方之子》栏目，其脑瘫治疗方法不乏成功案例。我并不否认其治疗方法也有一定的效果，但即使你成功做了几百例也不能否认其中一例的错误，而这一例也就是本案所报道的内容。正如贪官面对法官说我曾经为老百姓办了很多好事和实事一样，不能因此掩盖其犯罪事实，这个道理同样适用于本案。

　　本案经两次开庭，石家庄某小儿脑瘫康复中心提供大量证据用以证明其行医资格的合法性，其治疗成果为国内外同行所关注和推广，这显然是举非所证，答非所问。本案系新闻打假——骆某某、王某首例案件，受到各大媒体和新闻记者的广泛关注。为证明骆某某、王某所报道的内容客观真实，我曾前往石家庄某小儿脑瘫康复中心所在地，调取了大量的涉案的证据材料。

　　最终经法院调解，双方达成和解，石家庄某小儿脑瘫康复中心撤回起诉，至此本案了结。值得一提的是，本案的代理词经整理以"新闻侵权的主观要件"为题被刊载于《中国律师》杂志上。

◎ 案件提示

[名誉权]

是精神性人格权的一种。2017年10月1日起实行的《民法总则》第一百一十条规定,自然人享有生命权、身体权、健康权、姓名权、肖像权、名誉权、荣誉权、隐私权、婚姻自主权等权利。法人、非法人组织享有名称权、名誉权、荣誉权等权利。根据该条文可知,名誉权并非自然人所独有,法人、非法人组织也享有该项权利。名誉权是民事主体享有的保有和维护就其自身属性及价值所获得的社会积极评价的权利。

[侵犯名誉权]

1. 侵犯客体——自然人或法人、非法人组织的名誉利益(很大程度上可以理解为社会公众的积极评价);2. 侵权行为——以公开的第三人在场或者可被第二人知晓的方式,运用侮辱、诽谤、失实报道或诬告等行为损害他人名誉;3. 主观方面——故意;4. 行为结果——导致或极有可能导致权利人的社会公众评价下降。

[侵犯名誉权的责任形式]

停止侵害、消除影响、恢复名誉、赔礼道歉、赔偿经济损失等。

律师职业的坚守

◇ 重大敏感类刑事案件之辩护——袁某滥用职权案

◇ 罪轻辩护：以危险方法危害公共安全罪 vs 交通肇事罪——周某某交通肇事案

◇ 公安机关插手经济纠纷，刑侦阶段辩护律师应如何作为？——曹某合同诈骗案

◇ 为"生"而辩护——刘某某死刑复核案

◇ 穷尽法律救济途径，维护劳动者合法权益——黄某劳动争议案

◇ 违约责任之不继续履行：不动产买卖（1）——朱某房屋买卖合同纠纷案

◇ 违约责任之继续履行：不动产买卖（2）——杨某、封某某房屋买卖合同纠纷案

◇ 新旧交替，其他科技成果权之存废——上海某鉴定中心其他科技成果权纠纷案

◇ 上诉，为当事人争取最大限度的合法权益——农行葫芦岛分行金融借款合同纠纷案

> 涉及国家机关工作人员犯罪的袁某滥用职权案为什么迟迟不能结案？涉及国家资产流失这样敏感问题的刑事案件辩护人应如何字斟句酌地撰写辩护词？辩护人在承办此类重大敏感类刑事案件时，应该注意些什么？我将通过这个案例，把答案呈现给大家。

重大敏感类刑事案件之辩护
——袁某滥用职权案

◎ 案例索引

公诉机关 辽宁省沈阳市人民检察院

被告人

袁某，男，原沈阳政府驻京办政务处副处长，富通公司总经理；

张某某，男，原沈阳政府驻京办主任；

李某，男，原沈阳政府驻京办处长；

赵某某，男，原沈阳政府驻京办副主任

案由 滥用职权

一审法院 沈阳市中级人民法院

二审法院 辽宁省高级人民法院

◎ 案件追踪

2005年4月4日,袁某因涉嫌私分国有资产罪被刑事拘留,同年4月19日被逮捕,同年6月1日被取保候审,2005年11月22日因犯私分国有资产罪被判处有期徒刑2年,缓刑2年,并处罚金7万元人民币。

受原沈阳政府驻京办主任张某某指使,李某、袁某在把沈阳政府驻京办实际出资的富通公司转让给嘉星诺公司的过程中,通过委托辽宁某会计师事务所有限公司低估企业资产的方式,将净资产达117 765 600元人民币的富通公司仅评估为2 092 681.13元人民币,隐瞒了富通公司名下面积为8 781平方米土地的土地使用权价值已达1.05亿元人民币的事实,将土地使用权价值仅评估为43 553 760元人民币。之后,张某某又授意李某、袁某出具虚假的财务说明,将富通公司的资产进一步调整为381万元人民币。

2004年9月21日,张某某指使李某、袁某与富通公司签订协议,协议中约定沈阳政府驻京办将富通公司以500万元人民币的价格转让给于洋(化名)担任总经理的嘉星诺公司。2007年4月6日,在没有收到嘉星诺公司支付转让款的情况下,张某某指使李某在写有"此协议真实合法且双方已履行,现仍有效"字样的转让协议(即2004年9月21日签订的转让协议)上加盖沈阳政府驻京办印章,致使资产达199 008 700元人民币的富通公司变更为由于洋担任法定代表人、嘉星诺公司为唯一股东的法人独资企业,致使国家利益遭受重大损失。

2011年4月7日,袁某因涉嫌滥用职权犯罪被刑事拘留,同年4月21日被逮捕。

辽宁省沈阳市人民检察院认为,被告人张某某、李某、袁某身为国家机关工作人员,滥用职权,徇私舞弊,致使公共财产遭受重大损失,情节特别严重,其行为触犯了《中华人民共和国刑法》第三百九十七条,对被告人袁某应以滥用职权罪追究刑事责任。

被告袁某委托我作为本案的刑事辩护人,出庭为其辩护。

2012年11月29日,沈阳市中级人民法院作出(2012)沈刑二初字第9号刑事判决,判决被告人袁某犯滥用职权罪,判处有期徒刑二年,撤销沈阳和平区法院(2005)和刑初字第664号对被告人袁某私分国有资产罪,判处有期徒刑二年,缓刑二年,数罪并罚,决定执行有期徒刑三年。

袁某等四名被告提起上诉,辽宁省高级人民法院发回重审。

2015年12月11日,沈阳市中级人民法院作出重新审判的一审刑事判决书,被告袁某的刑期不变,四名被告继续上诉。目前,辽宁省高级人民法院终审判决还没有下达,袁某已经取保候审。

[一审辩护词品鉴]

尊敬的合议庭成员:

我受本案被告袁某的委托、北京市天睿律师事务所的指派,三次到沈阳参加本案的庭审活动。根据法律规定、结合法庭调查所查证的事实,我提出以下辩护意见,供一审法庭参考。

一、关于被告滥用职权

根据我国刑法相关规定,构成滥用职权罪必须同时具备四个要件。第一,行为人具有相应的职权;第二,行为人滥用了职权,表现之一是超越自己的权力,表现之二是违反规定使用自己的权力;第三,因滥用职权给国家和人民的财产造成了相应的损失;第四,损失与滥用职权具有法律上的直接因果关系。行为人的行为必须同时满足上述四个犯罪构成要件,法律上才能构成滥用职权罪。

反观本案,被告袁某虽然为富通公司的法定代表人,但在企业资产评估多少、评估后转让哪一方的问题上,他没有相应的职权。既然没有权力,何谈滥用权力?又何谈给国家造成了重大经济损失?作为沈阳市人民政府驻京办的职员,他只是在完成上级交办的事项。从另一个角度讲,他是在履行自己相应的职责,就像我们每个人完成上司交办的日常工作一样。这与滥用职权相去甚远。

诚然,辩护人并不是否认公诉机关的指控,只是提示法庭——鉴于被告袁某在这一共同犯罪中所处的地位和所起的作用,被告袁某具有依法从轻减轻或免除处罚的法定情节。

二、关于被告是否给国家造成了经济损失

辩护人注意到了起诉书中"给国家造成1.9亿多元"的指控,也注意到了起诉书中"情节特别严重"的文字表述。这些情节对本案被告在定罪量刑上有重大影响,因此辩护人恳请法庭慎重认定。

就损失问题而言,辩护人请求法庭注意以下几点:第一,这些损失的数额是否客观真实?第二,这些损失的时间节点在哪儿?第三,这些损失是否不可逆转?第四,这些损失与被告滥用职权之间是否具有法律意义上的因果关系?最后一点对本案的裁判尤为重要。

通过几天的法庭调查,辩护人注意到:同一个评估机构、同一个目标企业,在短时间内,其评估结果最高为2200万元,最低

为 -6800 万元，前后有 8000 多万元的落差。到目前为止还没有证据能证明最初评估时，其土地价值上亿元。同时，随着嘉星诺公司法定代表人于洋涉案，相关收缴罚没的财产是否计算在内？即使有财产损失，那么这些损失是由谁造成的，谁应为这些损失承担责任？通过法庭调查，辩护人认为：这些损失的造成是多种原因的，与本案被告袁某没有直接的因果关系。首先，作为法定的评估机构，没有秉承客观、独立、公正、不受委托人左右的评估原则。其次，政府部门相关负责人严重失职。和平区政府以富通公司未在国资委登记，"不存在国有资产流失问题"，将富通公司转让给嘉星诺公司。再次，工商行政管理部门仅凭一纸协议，以"特事特办"为由，将富通公司法人和股权转至个人名下。综上，即使造成损失，以上部门都难辞其咎。如果说本案被告袁某有责任，也仅仅是在未履行的协议上注明"此协议真实有效，且已实际履行"的责任，而不是全部法律责任。

综上所述，辩护人认为：体制不顺、政企不分、政府部门严重渎职、个别领导以言代法等诸多因素造成了国有资产的"损失"，让本案的被告袁某承担全部法律责任，不仅不符合法律上的因果关系，有失公正，而且还不能杜绝此类案件的再度发生，使判决经不住历史和时间的检验。这样做，既起不到震慑、教育犯罪分子的作用，也起不到预防犯罪的作用。

三、被告袁某具有减轻处罚的情节

被告袁某具有悔罪表现，对自己的行为有较好的认罪态度，他已经为其行为付出了相应的代价。辩护人恳请法庭在量刑时对其减轻处罚。同时提醒法庭，被告袁某患有先天性心脏病，在看守所曾出现过意外（有看守所监控录像为证）。相关的病历材料，其家属已向公诉方和纪检部门提供。此外，被告袁某家有妻儿和80多岁年迈的老母亲，至今其妻儿还以被告去"援藏"为名安慰老人家。在此，辩护人再次恳请法庭对其从轻发落。

尊敬的法官，罪刑相适应是我国刑法的基本原则，"宽严相济"是现行的刑事政策。让真正负有责任的人受到处罚，能起到打击犯罪，警示后人的作用；让不应该受到处罚的人承受刑罚，只会损害司法公信力，不利于构建和谐社会。辩护人相信法庭会以事实为依据，以法律为准绳，对被告袁某的犯罪行为正确适用法律，对本案作出公正的裁决。

我的辩护意见，望合议庭予以采纳。

此致

沈阳市中级人民法院

辩护人：北京市天睿律师事务所
刘福奇律师
2012 年 3 月 21 日

◎ 案例评析

袁某滥用职权案历时多年，目前还没有司法定论。沈阳市中级人民法院两次退回检察院补充侦查。包括袁某在内的四名被告的卷宗材料都需要用推车推上法庭。在历经三次开庭后，沈阳市中级人民法院于 2012 年 11 月 19 日作出了一审判决。涉案四名被告——原沈阳政府驻京办主任张某某、原副主任赵某某、原处长李某以及原副处长袁某分别被判处有期徒刑 14 年、有期徒刑 5 年、有期徒刑 5 年 6 个月和有期徒刑 3 年。四被告均不服一审判决，提起上诉，二审法院发回重审。2015 年 12 月 11 日，沈阳市中级人民法院重新作出一审判决，四被告分别被判处有期徒刑 10 年、有期徒刑 4 年 8 个月、有期徒刑 5 年和有期徒刑 3 年。被告袁某被判处的刑期没有变化。四名被告再次上诉到辽宁省高级人民法院，目前本案还没有开庭。

案件争议较大——造成国有资产损失与被告袁某滥用职权行为之间的因果关系难以界定；政府相关部门的个别官员的违法违规操作也应对国有资产的流失负有一定责任；此外，纪委和检察院联合办案，不严格依照法定程序办理、互相推诿责任，同样是造成本案判决遥遥无期的原因。

在提倡建设法治社会的今天，这种办案效率无疑是对法律权威的一种践踏。当今，在涉及贪污贿赂犯罪、滥用职权犯罪的刑事案件中，还存在严重的纪委插手具体个案的情况。这对检察院严格依照《刑事诉讼法》所规定的流程推进案件进展无疑是一种无形的阻碍。个人认为，纪委对于案件的监督应属对司法机关外部的监督，应该是对司法部门广义的监督，绝不应插手个案。希望随着司法环境的不断改善，这个问题会逐渐得以解决。

◎ 案件提示

1. 我国现行《中华人民共和国刑法》第三百九十七条第一款规定，国家机关工作人员滥用职权或者玩忽职守，致使公共财产、国家和人民利益遭受重大损失的，处三年以下有期徒刑或者拘役；情节特别严重的，处三年以上七年以下有期徒刑。本法另有规定的，依照规定。

由此得出，滥用职权罪是国家机关工作人员利用职务上的便利，在其职权范围内不正确的履行职责、超越职权履行职责等与其职务行为具有关联性的行为，致使公共财产、国家和人民利益遭受重大损失。

值得注意的是，滥用职权罪是故意犯罪，行为人对于其国家机关工作人员的身份、其滥用职权的行为要有认识，对于其行为致使公共财产、国家和人民利益遭受重大损失的危害结果要有预见可能性。

对于贪污贿赂犯罪、滥用职权犯罪等具有重大社会影响的敏感类刑事案件，辩护人对犯罪构成要件的掌握要求是精准的、熟悉的，这对于辩护词的形成将起到很好的法律支持作用。

2. 一定程度上而言，诉讼律师是一个高危的行业，尤其是刑事辩护律师。在其办案细节上更是需要谨小慎微。在代理贪污受贿类犯罪、渎职类犯罪时，辩护人对于递交给法院的书面辩护词更是应该字斟句酌——既要客观陈述事实、精准描述法律，维护法律尊严，又不能对当今司法环境进行过多的抱怨，对相关司法机关的工作进行指责。更甚，还要妥善处理与涉案国家机关工作人员所在单位的关系。"以事实为依据，以法律为准绳"是我们辩护人的底气，妥善处理与各方当事人及相关部门单位的关系是我们的睿智，实务案例的细心积累是我们的经验，力图为当事人争取最大限度的合法权益是我们应尽的职责。一位有操守、有法律积累、有实务经验及阅历、有智慧的诉讼律师是我们应该追求的目标。

> 这个案子的一审辩护是比较成功的,我作出的罪轻辩护的意见也得到了法院的采信。醉酒驾车造成事故,是交通肇事还是以危险方法危害公共安全,司法实践中会如何进行认定?在代理此类案件中应该如何书写辩护词辨析交通肇事罪与以危险方法危害公共安全罪?怎样的情形下法院会支持你的罪轻辩护的诉求?希望大家能从这个案例中寻找出答案。

罪轻辩护:以危险方法危害公共安全罪 vs 交通肇事罪

——周某某交通肇事案

◎ 案例索引

公诉机关 北京市东城区人民检察院

被告人 周某某(男,时年 23 岁)

被害人 狄兰(化名)、洪宪(化名)、马海(化名)

案由 交通肇事

一审法院 北京市东城区人民法院 [案号(2012)东刑初字第 830 号]

◎ 案件追踪

2012年5月12日2时许，被告周某某醉酒后无证驾驶奔驰牌小客车（车牌号京NT2344）由西向东行驶到北京市东城区东直门内大街东直门桥西50米处时，撞到在外侧车道内进行施工作业的工人及途经的出租车，致被害人狄兰颅脑损伤死亡，致被害人洪宪双大腿软组织损伤，左肘部皮肤裂伤，致被害人马海驾驶的车牌号为京BN7850的出租车损坏。

经交通管理部门认定，周某某承担本次事故的全部责任。被告周某某案发后弃车逃逸，后于当日5时许主动投案。经酒精检验，被告周某某血液中酒精含量为137.3mg/100ml。

2012年5月12日，周某某因涉嫌犯以危险方法危害公共安全罪被刑事羁押，羁押在北京市东城区看守所。同年5月30日，被逮捕。同年9月10日，北京市东城区人民检察院以被告周某某犯以危险方法危害公共安全罪向北京市东城区人民法院提起公诉。

北京市东城区人民检察院认为，被告人周某某的行为构成以危险方法危害公共安全罪，应依照《中华人民共和国刑法》第一百一十五条第一款对被告人周某某判处刑罚。

被告周某某委托我作为本案的一审辩护律师，出庭为其辩护。

北京市东城区人民法院认为，被告人周某某违反交通运输管理法规，醉酒后无证驾驶机动车发生重大交通事故，造成一人死亡一人受伤及一车受损的严重后果，并负事故全部责任，且肇事后逃逸，其行为已构成交通肇事罪，依法应予刑罚处罚。北京市东城区人民检察院指控的事实清楚、证据确实充分，但指控的罪名不当，本院予以纠正。鉴于被告人周某某案发后主动投案，并如实供述犯罪事实，系自首，且能积极赔偿给被害人及家属造成的经济损失并得到谅解，依法对其从轻处罚。辩护人的合理辩护意见，本院予以采纳。

被告人周某某犯交通肇事罪，判处有期徒刑五年。

被告周某某没有提起上诉，相关公诉机关没有提起抗诉，案件就此终结。

◎ 一审辩护词品鉴

审判长、审判员和陪审员：

我受本案被告周某某的委托、北京市天睿律师事务所的指派，依法出庭为被告周某某作罪轻辩护。根据法庭调查所查明的事实，依照法律的规定，我提出如下辩护意见，请法庭在合议时考虑。

一、被告周某某的行为依法构成交通肇事罪

辩护人对公诉机关指控的犯罪事实没有异议，但对公诉机关指控被告"故意"以危险方法危害公共安全持有异议。以危险方法危害公共安全罪与交通肇事罪是两个不同性质的犯罪。前者主观恶性深、社会危害后果严重、量刑幅度高；后者则相反。从刑法角度讲，两罪在犯罪主观要件和犯罪客观要件上均有不同。

1. 从犯罪主观要件看，以危险方法危害公共安全罪主观是故意，而交通肇事罪主观是过失，这是两罪最为本质的区别。故意是希望或放任结果发生，而过失是应该预见结果因疏忽大意没有预见或已经预见到了但轻信能够避免结果发生。

从动机上讲，一个神志健全的人，如果不是仇视他人、报复社会、漠视生命，任何一个驾驶车辆的人，不管是否有驾照、无论其是否饮酒，他都不希望发生交通事故，更不愿看到有伤亡的危害后果发生，他没有放任结果发生的动机。

（1）被告认为其本人的饮酒量、当时的时间和路况及行驶的距离，对其驾驶能力而言都不是问题，其能够安全到达目的地，出现交通事故的可能性极小。辩护人走访了案发现场，就餐餐馆距东方金柜距离约1500米左右，中间只有2个红绿灯。被告意识到了危害后果，但过于自信，轻信不会出事，被告的主观心态属于过于自信的过失。

（2）从被告对车辆的操控上看，被告并没有因饮酒而失控。向右侧行车道并线是被告驾驶时过于自信的表现。出现事故具有一定的偶然性，与视线差、起步快、雨天路面湿滑、锥筒与土堆之间距离不够远等因素均有关系。这与酒后不减速闯红灯、逆向行驶迎面相撞、越过行车道冲向人行道等主观明知的行为在程度上存在明显区别。

（3）据目击者讲，发生事故后，从车上下来一男子，双手抱头下蹲片刻，然后与车内另一人交流一下离开了现场。此外，被告回到家中有自残行为。从被告的动作行为看，被告当时的心理应是十分懊悔、自责和恐惧的。——他不愿看到眼前发生的一切，这是几个家庭的悲剧！他想回到肇事之前，但一切都为时晚矣。从被告在家中的自残行为看，他不愿意发生这种结果，甚至想以死作为解脱，进行赎罪。

认定被告主观心态，应遵循主观决定客观，客观反映主观的原则。从被告事后的表现看，被告没有预见到结果会发生、不希望结果发生，更没有放任结果的发生,这与出现后果也无所谓的主观心态,有着本质的不同。

2. 从犯罪客观要件看,就饮酒驾车而言,以危险方法危害公共安全罪表现为在出现事故后,继续冲撞,不顾后果。如果说出现第一次事故,行为人主观上是过失的话,那么继续冲撞,对后果明显持放任态度,显然是间接故意。本案则不属于这种情形。而交通肇事罪表现为违反交通管理法规,造成交通事故。本案被告无照、酒后驾驶车辆是违反交通管理法规,从法律上符合交通肇事罪的构成要件。

诚然,酒后驾车有危害尽人皆知,但不能因此认定酒后驾车都具有危害公共安全的故意,都应认定为以危险方法危害公共安全罪。间接故意与过于自信的过失的区别在于,行为人本人对于危害结果的发生是放任的心态还是反对的心态。如果是酒驾撞车后继续冲撞行人和车辆,这显然在很大程度上知道结果会发生而放任结果发生,这无可争议。而过于自信的过失是预见了后果可能发生并不希望这种结果出现,实际发生了危害结果事与愿违。过于自信的过失是心存侥幸心理,认为出现这种结果的概率极小、可能性极低,甚至不可能出现。

综上,被告的行为在法律上应构成交通肇事罪,而不是故意以危险方法危害公共安全罪。

二、被告具有法定的从轻或减轻处罚情节

1. 被告家属积极赔偿,并取得被害人家属对被告的谅解

被告的父母是东北林场工人,父亲病退在家。在得知出事后,迅速来到北京,他们从家需坐四个小时的汽车,才能赶上去北京的火车。

到达后,积极与被害人家属协商,并于5月18日达成赔偿协议并取得了被害人家属的谅解。他们这样做,一是多少能给被害人家属一些心理安慰,二则是希望因此能减轻孩子的罪行,争取法院宽大处理。虽然这些赔偿也无法弥补被害人家属丧失亲人的伤痛,但作为肇事者的家属也只能做到这些了。因此,被告积极赔偿、取得被害人家属谅解,法庭应依法对其从轻或减轻处罚。

2. 被告具有自首情节

在事故发生后,被告虽离开了现场,但辩护人提醒法庭,本案的肇事后果是瞬间生成,现场并未因被告的离开产生次生事故,也没有因被告离开耽误对伤者的救治,即本案并没有因被告的离开造成危害结果的扩大。在经过亲友劝说及思想斗争后,被告主动到公安机关自首。因此,被告的行为构成自首,应得到从轻或减轻处罚。

三、被告具有酌定的从轻处罚情节

被告社会阅历简单,系初犯,认罪态度好,而且能够真诚悔罪。他已经为自己不理性的行为付出了代价。但他还年轻,甚至稚气未消,人生的路还很漫长,辩护人再次恳请法庭能给其悔过自新的机会。

审判长、审判员,罪刑法定、罪行与刑罚相适应是我国刑法的基本原则,"宽严相济"是现行的刑事政策。对被告正确定罪量刑,既是在维护被告的合法权益,也是在维护法律的权威。本案被告主观恶性不深、人身危害不大,对被告适度量刑,足以教育被告,警示他人。如量刑过重,不符合过失犯罪刑罚轻刑化的发展趋势,也不符合构建和谐社会的理念。

辩护人相信一审法院会以本案事实为依据,正确适用法律,排除法外因素，对被告作出独立、公正、合理的裁决。

此致

北京市东城区人民法院

辩护人：北京市天睿律师事务所
刘福奇律师
2012 年 10 月 12 日

◎ 案例评析

　　这个案子达到了代理目的，取得了较好的社会效果。然而，媒体报道后，激发了群众对被告身份、背景的想象——什么官二代富二代，以至于开庭时被告说的第一句话就是"我父母是林场工人"。可能检察官在讯问时告之了被告以危险方法危害公共安全罪的法定刑期，被告认为一审裁判结果已是非常理想，因此主动放弃上诉，服从法院判决。

　　随着汽车的普及和驾驶员的增多，交通事故也相应增加，因酒驾发生的交通事故占一定的比例。司法实践中根据个案的具体案情，有的定交通肇事罪，有的定以危险方法危害公共安全罪，对犯罪的定性出现了一定的争议。而本案的关键就是把交通肇事罪和以危险方法危害公共安全罪说清说透，尤其是两罪交叉的地方，套用检察官的话就是"你明知道酒后开车危害他人生命财产安全，你还继续开，这不是对结果持放任态度吗？"诚然，该甲认定放任的关键问题是肇事者的主观心态在多大程度上存在放任以及肇事者对自身行为的控制程度。就本案而言，被告对危害结果的发生持反对意见且其主观恶性程度没有越过交通肇事的边界，东城法院的判决没有受到舆论影响，定性准确，量刑适当，罚当其罪，判决社会效果良好。

◎ 案件提示

1. 交通肇事罪与以危险方法危害公共安全罪的辨析

根据刑法相关规定，交通肇事罪是指违反交通管理法规，因而发生重大事故，致人重伤、死亡或者使公私财产遭受重大损失的行为。而以危险方法危害公共安全罪是指故意以放火、决水、爆炸、投放危险物质以外的并与其危险程度相当的危险方法，足以危害公共安全之行为。

交通肇事罪与以危险方法危害公共安全罪都被规定在刑法分则中危害公共安全类犯罪这一章节，说明两罪侵犯的法益都是社会公共安全。两罪的区别在于——从犯罪客体看，前罪具体侵犯的是交通运输的安全；后罪侵犯的是不特定多数人的生命、健康或大量公私财产的安全。从犯罪行为看，犯前罪的行为人实施的是违反交通管理法规的行为；犯后罪的行为人实施的是与放火、决水、爆炸、投放危险物质等危险方法的危险程度相当的其他的危险方法，司法实践中常见的有：私设电网伤人，驾车胡乱冲撞人，以制血、输坏血、病毒血等方式报复社会，向群众开枪。从危害结果看，前罪要求发生实害结果，即因违反交通管理法规而发生重大事故，造成他人重伤、死亡或者使公私财产遭受重大损失的实际损害；后罪的成立不要求实害结果的发生，是危险犯，即行为人使用的危险方法足以危及到公共安全即可。从主观心态看，前罪是过失犯罪，过失既包括疏忽大意的过失又包括过于自信的过失。行为人在违反交通管理法规上可能是明知故犯，但是对其行为造成的危害结果，行为人是应当预见但因疏忽大意而没有预见的，亦或已经预见但轻信能够避免结果的发生的；后罪是故意犯罪，行为人在使用危险方法危害公共安全的过程中对于危害结果持故意心态，直接故意——报复社会或是间接故意——放任结果的发生。从刑罚上看，前罪有三个量刑档次——处三年以下有期徒刑或者拘役；处三年以上七年以下有期徒刑；处七年以上有期徒刑。后罪有两个量刑档次——未造成严重后果的，处三年以上十年以下有期徒刑；造成严重后果的，处十年以上有期徒刑、无期徒刑或者死刑。

2.我国《刑法》第六十七条规定，犯罪以后自动投案，如实供述自己的罪行的，是自首。对于自首的犯罪分子，可以从轻或者减轻处罚。其中，犯罪较轻的，可以免除处罚。由此看出，行为人承认自己的犯罪行为、主动自首并真诚悔过对量刑有很大的影响，需要注意的是，法律规定的是"可以"从轻或减轻或"可以"免除处罚而非"应当"。此外，积极对被害人进行赔偿，得到被害人家属的书面谅解也是法院对犯罪行为人进行量刑的重要参考因素。

> 刑事案件，辩护律师在刑事侦查阶段应进行什么工作？这个阶段为维护当事人的合法权益律师应该做些什么？应向哪个部门提交自己的书面意见？书面意见怎么写才得体？名义上案件涉及合同诈骗，实际上是公安机关插手经济纠纷的，律师可以为当事人做些什么？相信我接手的这个较为成功的代理案件会给予大家以启发。

公安机关插手经济纠纷，刑侦阶段辩护律师应如何作为？
——曹某合同诈骗案

◎ 案例索引

侦查机关　山西省朔州市公安局
北京市公安局海淀分局
犯罪嫌疑人　曹某，女，文龙祥宾馆法定代表人

◎ 案件追踪

2012年7月2日，经房地产中介公司介绍，曹某与朱峰（化名）签订宾馆承包合同书，将位于北京东城区某胡同1—3号的文龙祥宾

馆的经营权承包给朱峰，年承包费 84 万元，经营期限自 2012 年 7 月 1 日起至 2017 年 7 月 31 日止。合同签订后，承包人朱峰一次性支付五年承包费，共计 420 万元，并开始承包经营活动。

宾馆的产权单位是三辰公司，自 2003 年起至 2013 年止，宾馆一直由曹某丈夫綦泽（化名）承租，产权单位法定代表人口头承诺到期后继续承租给綦泽。

2013 年，产权单位因股东变更提出到期不再续约，承租人曹某因已经投入了较大装修费用，就承租人退出补偿问题与三辰公司产生了冲突，同时曹某与目前的宾馆承包人朱峰协商后续事宜。

2014 年 9 月 25 日，曹某因涉嫌合同诈骗在北京家中被山西省朔州市公安局抓捕，在被羁押了 40 余天，交纳了 350 万元保证金后被取保候审。后山西省朔州市公安局将本案移送至北京市公安局海淀分局。2014 年 12 月，北京市海淀区人民检察院正式批捕了曹某，2015 年 3 月，海淀警方将曹某羁押于海淀区看守所。

曹某丈夫委托北京天睿律师事务所刘福奇和李志亮律师作为曹某案侦查阶段的委托代理律师，为其提供法律服务。在做了大量的调查取证工作并数次到看守所会见犯罪嫌疑人曹某后，我们向北京市公安局海淀分局经济犯罪侦查大队提出了对本案的辩护意见。

2015 年 6 月 8 日，北京市公安局海淀分局将曹某取保候审。同年 11 月 6 日，解除了对曹某取保候审的强制措施，不再追究其刑事责任。2016 年 11 月 6 日，北京市公安局海淀分局依法作出了撤销曹某涉嫌合同诈骗罪一案的决定。

◎ 辩护意见品鉴

尊敬的北京市公安局海淀分局经济犯罪侦查大队：

曹某涉嫌合同诈骗一案，经进一步调查取证，辩护人认为曹某没有犯罪事实，依法不构成犯罪，特请贵局依法撤销案件。意见如下：

一、没有证据证明曹某虚构事实

1. 曹某没有向朱峰隐瞒其与三辰公司的租赁合同的租期剩余不到两年的事实。

（1）中介吴某、贾某某的证人证言证明，在与朱峰签订承包合同前，曹某和中介已经告知朱峰其与三辰公司之间的租赁合同的租期只剩不到两年，朱峰对此知晓。证明曹某在签订承包合同时，没有虚构或隐瞒事实。

（2）三辰公司与綦泽《关于寿比胡同商用房的补充协议》(辩护人提交的证据13）证明，如果三辰公司未进行股权转让，曹某可以续租房屋。证明曹某具有继续履行合同的能力。

（3）三辰公司《股东会决议》（辩护人提交的证据16）证明，三辰公司作为老国企转制成为员工持股合作制公司，有34名员工持股，整体进行股权转让非常困难。证明曹某继续与三辰公司签订租赁合同的可能性非常大。

所以，朱峰完全知道曹某与三辰公司租赁合同快要到期和到期后续签的可能性大小。

向三辰公司原总经理王某（电话：1380×××××××）调取证人证言，可进一步证明以上事实。

2. 曹某将文龙祥宾馆转让承包没有违反其与三辰公司的约定。

（1）三辰公司的《委托书》（辩护人提交的证据4）证明，三辰公司允许曹某对房屋进行转租。

（2）曹某转让的系宾馆经营权而非以房屋所有人的名义对涉案房屋进行出租。其作为宾馆的法定代表人有权签订转移宾馆经营权的相关合同，其行为是合法的。

3. 曹某主观上没有将合同款项占为己有的目的。

（1）曹某在签订合同前要求租金按年支付，是朱峰主动提出五年一次性付清。

（2）合同不能履行后，曹某积极为朱峰、王东旭采取补偿措施，王东旭看好玫瑰宾馆后，萧山办事处提前半年退租为王东旭腾退房屋。

（3）曹某主动交纳的取保候审保证金350万元，现已发还给王东旭，宾馆承包人没有经济损失。

4. 曹某没有逃匿情节。

（1）81酒店和81酒店玫瑰宾馆《营业执照》证明，曹某在北京持续经营另外两家宾馆，年收入在300万元以上，不存在逃跑的动机。

（2）2014年9月16日录入《通缉令》称"曹某逃匿"时，曹某正在北京家中正常活动。9月25日，曹某也是在北京家中被带走羁押。

（3）2015年4月14日，曹某与北京市公安局海淀分局经济犯罪侦查大队通电话，是曹某主动到海淀经侦支队而后被羁押的。

5. 报案人为达目的，向公安机关隐瞒了一些事实，造成曹某涉嫌合同诈骗的假象。

二、辩护人意见

《中华人民共和国刑法》第二百二十四条对合同诈骗罪进行了规定，有下列情形之一，以非法占有为目的，在签订、履行合同过程中，骗取对方当事人财物：（一）以虚构的单位或者冒用他人名义签订合同的；（二）以伪造、变造、作废的票据或者其他虚假的产权证明作担保的；（三）没有实际履行能力，以先履行小额合同或者部分履行合同的方法，诱骗对方当事人继续签订和履行合同的；（四）收受对方当事人给付的货物、货款、预付款或者担保财产后逃匿的；（五）以其他方法骗取对方当事人财物的。本案中，曹某没有虚构事实、没有非法占有的目的、没有逃匿情形——没有犯罪事实，且本案没有社会危害性，依法不构成犯罪。

就此，依据《中华人民共和国刑事诉讼法》第一百六十一条规定："在侦查过程中，发现不应对犯罪嫌疑人追究刑事责任的，应当撤销案件；犯罪嫌疑人已被逮捕的，应当立即释放，发给释放证明，并且通知原批准逮捕的人民检察院。"特请贵局撤销案件，释放曹某。

犯罪嫌疑人曹某代理人：

刘福奇律师

李志亮律师

2015 年 5 月 15 日

◎ 案例评析

这是一起典型的公安机关插手经济纠纷的案件。山西省朔州市公安局首先找到管辖的切入点，采取行动控制所谓的犯罪嫌疑人，违反规定收取巨额保证金，达目的后将案件移交到北京市公安局海淀分局，在经历了一年的上访、控告后，北京市公安局海淀分局最终撤销此案，还当事人一个公正。

本案，曹某在签订、履行合同过程中，既没有主观上的非法占有的目的，又没有骗取合同相对方钱财的客观行为，其行为完全不符合合同诈骗罪的构成要件。侦查机关的立案侦查也丝毫没有法律依据。

在产生民商事纠纷时，当事人应冷静处理各方矛盾，力求通过谈判、和解等非诉讼方式高效地化解矛盾，或是采取民事诉讼的法律途径定纷止争，而不应该运用私人关系，违反法律规定，动用公权力，"暴力"解决纷争，激化社会矛盾。希望全面加强对公检法机构的监督，尽量减少以权谋私，侵害公民人身权益、财产权益的案件的发生，如此司法公信力才能得以加强。

◎ 案件提示

1. 我国现行《刑法》第二百二十四条规定，"有下列情形之一，以非法占有为目的，在签订、履行合同过程中，骗取对方当事人财物，数额较大的，处三年以下有期徒刑或者拘役，并处或者单处罚金；数额巨大或者有其他严重情节的，处三年以上十年以下有期徒刑，并处罚金；数额特别巨大或者有其他特别严重情节的，处十年以上有期徒刑或者无期徒刑，并处罚金或者没收财产：（一）以虚构的单位或者冒用他人名义签订合同的；（二）以伪造、变造、作废的票据或者其他虚假的产权证明作担保的；（三）没有实际履行能力，以先履行小额合同或者部分履行合同的方法，诱骗对方当事人继续签订和履行合同的；（四）收受对方当事人给付的货物、货款、预付款或者担保财产后逃匿的；（五）以其他方法骗取对方当事人财物的。"此条是我国刑法对于合同诈骗罪的规定，其规定于破坏社会主义市场经济秩序类犯罪这一章的扰乱市场秩序类犯罪这一节中，其侵犯的法益是市场经济秩序。需要提示的是，本罪对于犯罪数额有要求，只有涉案数额较大的，才有可能构成本罪。犯罪数额既影响定罪，又影响量刑——本罪有三个量刑档次，均是依据犯罪数额进行确定的。犯本罪，除判处主刑外还将并处罚金或没收财产的附加刑。

2.我国现行《刑事诉讼法》第一百六十一条规定，"在侦查过程中，发现不应对犯罪嫌疑人追究刑事责任的，应当撤销案件；犯罪嫌疑人已被逮捕的，应当立即释放，发给释放证明，并且通知原批准逮捕的人民检察院。"《刑事诉讼法》第十五条规定，"有下列情形之一的，不追究刑事责任，已经追究的，应当撤销案件，或者不起诉，或者终止审理，或者宣告无罪：（一）情节显著轻微、危害不大，不认为是犯罪的；（二）犯罪已过追诉时效期限的；（三）经特赦令免除刑罚的；（四）依照刑法告诉才处理的犯罪，没有告诉或者撤回告诉的；（五）犯罪嫌疑人、被告人死亡的；（六）其他法律规定免予追究刑事责任的。"

上述条款提到的"撤销案件""不起诉""终止审理"及"宣告无罪"的区别在于所处的诉讼阶段、作出的司法机关不同，"撤销案件"的决定应该在侦查阶段，由侦查机关——公安机关或直接负责侦查的检察机关作出；"不起诉"的决定应该在审查起诉阶段，由检察机关作出;"终止审理"或者"宣告无罪"的裁定或者判决应该是在审判阶段,由法院作出的。

本案涉及的情形就是《刑事诉讼法》第十五条第一项所规定的"情节显著轻微、危害不大,不认为是犯罪的",由负责侦查的北京市公安局海淀分局作出书面的撤销案件决定书。

> 死刑复核阶段是一个特殊的阶段，在这个阶段辩护律师应该如何展开辩护工作？死刑复核阶段代理律师的辩护词应该如何撰写？死刑复核机关会做哪些复核工作？我国现行死刑立即执行制度的司法现状如何？希望这个案子折射出的司法现状可以给大家以启发。

为"生"而辩护
——刘某某死刑复核案

◎ 案例索引

死刑复核机构　最高人民法院

被告人　刘某某（男，1987年生人，沈阳人）、张某、张某一、赵某

案由　运输、贩卖毒品

◎ 案件追踪

被告刘某某与张某系发小，张某因父母离异在沈阳无家，吃穿住与刘某某在一起。2014年5月，双方密谋贩卖毒品，由刘某某出资，张某到广东组织货源，然后寄回沈阳，共计三次，刘某某出资，共计

17万元。被抓时，从刘某某身上搜出200克毒品，从刘某某家里搜出2928.26克毒品，毒品为甲基苯丙胺，纯度为72.7%。沈阳市中级人民法院判处刘某某、张某一死刑；张某死缓。被告上诉，辽宁省高级人民法院改判张某一死缓，维持刘某某死刑。

刘某某家属委托我作为死刑复核阶段的辩护律师。接受委托后，我两次到沈阳市皇姑区看守所会见我的当事人刘某某，一次到最高人民法院进行阅卷，两次到最高人民法院面见承办法官并提交辩护词和相关案件材料。

遗憾的是，2016年5月19日，最高院下达死刑复核裁定书，核准被告人刘某某死刑。5月27日，刘某某被执行死刑。

◎ 辩护词品鉴

最高人民法院复核法官：

我受刘某某运输、贩卖毒品死刑复核案中被告刘某某的委托、北京市天睿律师事务所的指派，担任刘某某死刑复核阶段的辩护律师，为其辩护。通过详细阅卷、两次到沈阳市皇姑区看守所会见被告，我对本案事实有了一定了解。

根据法律和刑事政策的相关规定，辩护人认为：被告刘某某具有法定和酌定的从轻情节，不属于罪大恶极、不杀不足以平民愤的犯罪分子，原审量刑偏重，恳请最高人民法院复核法官审慎复核，不予核准刘某某死刑立即执行。现提出如下辩护意见，请合议庭复核审议时给予考虑。

一、原审认定刘某某运输、贩卖毒品罪证据不足

原审认定刘某某运输、贩卖毒品6000余克，除当场查获外，其余毒品的去向除被告刘某某口头交代去向外，没有其他证据在案佐证。原审认定被告刘某某贩卖的唯一证据是卖给姜瑞（化名）5克冰毒，收取2000元。这一证词仅在姜瑞于侦查机关接受第二次询问时出现。姜瑞的第一次口供和被告刘某某及被告赵某的口供中都没有出现收取2000元的情节，只是表述让给姜瑞尝尝。因此，原审认定被告刘某某向姜瑞贩卖5克毒品的证据不足，姜瑞的供述与当事其他被告的供述不一致，不能形成证据链。

根据最高人民法院印发的《全国部分法院审理毒品犯罪案件工作座谈会纪要》的通知（以下简称为"《大连会议纪要》"）的相关精神规定，"只有被告人的口供与同案其他被告人供述吻合并且完全排除诱供、逼供、串供等情形，被告人的口供与同案被告人的供述才可以作为定案的依据，仅有被告人口供与同案被告人供述作为定案依据的，对被告人判处死刑立即执行要特别慎重"。

被告刘某某被认定的毒品数额为特别巨大，但查获的毒品并没有危害社会，未造成严重的社会后果。同时，刘某某本人讲，从2003年接触吸食毒品，在认定毒品数额时应考虑这一情节。

被告刘某某贩卖、运输的毒品数额虽大，但据《大连会议纪要》的精神，"毒品数量是毒品犯罪事件量刑的重要情节，但不是唯一情节。对被告人量刑时，特别是在考虑是否适用死刑时，应当综合考虑毒品的数量、犯罪情节、危害后果、被告人的主观恶性、人身危害性以及当地禁毒形势等各种因素，做到区别对待"。辩护人认为，原审判处刘某某死刑立即执行，不符合《大连会议纪要》中关于死刑立即执行的相关规定。

二、被告刘某某走上犯罪道路有一定的偶然性

被告刘某某 2008 年大专毕业后，自己经营了一家物流公司，开始生意挺好。2012 年沈阳建大二环时，其物流公司前面的道路被封，生意开始不景气。张某是其发小，父母离异，在沈阳没有家。2009 年，张某从深圳打工回沈阳，此后一直与被告刘某某吃住在一起。双方在口供中都提到张某欠刘某某 30 万元，两被告均有吸毒行为，被告刘某某已婚且孩子将要出生，于是双方产生了贩卖毒品的主意。口供中，关于谁先提出贩毒一事，双方均不承认是自己提议的。刘某某在第一次出资 9 万元时，需要将车抵押筹钱，可见被告刘某某当时的经济状况确实不好。

从第三次出资时，被告刘某某与张某一的短信中，可以看出被告刘某某有恐惧心理并有终止犯罪的想法。2013 年 8 月 26 日，刘某某在与张某一的短信中表示："我不想长干，他们是自己玩的不是贩的！不能出事，要不你不想来的话，你信任张某就让他帮你送去，你们也赚点钱啊！"（刑事侦查卷宗补充侦查卷 3 卷第 30 页）

2013 年 8 月 4 日，刘某某在给张某发的短信中说："现在做这些事为谁做的呢？你知道不？"（沈阳市中级人民法院刑事一审卷宗第 41 页，倒数第二行）"给你送钱，给你铺路，给你坐飞机。"（一审卷宗第 42 页，第 12 行）张某回复道："你记住了，我不是忘恩负义的人就行了。"（一审卷宗第 42 页，第 16 行）8 月 29 日，刘某某短信写道："完了，这回死你手里了！"（一审卷宗第 47 页，第 7 行）仅从对话部分内容看，被告刘某某有一定的江湖义气。

综上所述，被告人刘某某走上犯罪道路有一定的偶然性——出于

江湖义气、帮朋友忙、经济条件较差。这与利欲熏心、铤而走险的毒品犯罪动机有着一定的差别。从以上可以看出，被告刘某某主观恶性不大。

三、本案有以贩养吸的情节

从与被告刘某某两次交谈得知，其本人于 2003 年开始接触毒品，起初吸食量少，到 2008 年大专毕业时，吸食量加大，几年经营物流公司挣的钱也都用在吸食毒品上。2009 年至案发，被告张某与其同吃同住，花光了积蓄。被告刘某某不是毒品的源头，更不是毒品的上家，在某种意义上讲，被告也是毒品的受害者。

四、被告无前科劣迹，系初犯，认罪态度较好

被告刘某某生活经历简单，2005 年毕业于沈阳市第 132 中学，并考取了辽宁省广播电视大学，学的是环境设计专业。2008 年大专毕业后，经营一家物流公司，在同学、同事、邻居看来，他是属于仁义、懂事、仗义、谦和的人。在得知他因贩卖毒品罪而被判处死刑时，周围人都觉得很惊讶，都恳请最高人民法院给刘某某一条生路。

被告刘某某在侦查机关的供述口供稳定，一、二审开庭时，对公诉机关出具的证据没有异议，被告刘某某只是对自己行为不构成运输和贩卖毒品罪进行了辩解，即仅是对其行为性质进行辩解。二审法庭认定其拒不认罪，没有事实依据。此外，被告刘某某提出侦查机关对其有刑讯逼供情节——除用电棍电其生殖器外，还使用芥末油涂其脸，用热毛巾敷面令其喘不上气来，坐老虎凳，这一情节请复核法官予以重视。

五、被告有立功行为

辩护人注意到被告刘某某庭审时提出有立功表现，而具体的立功

情节在一、二审没有表述。二审时原承办人赵涛（化名）出示了被告无立功情节的书面证词，但这份证词与侦查卷中的相关表述相互矛盾。辩护人注意到，侦查机关关于举报、抓捕经过与最后承办人提供的书面证词相互矛盾、不能自圆其说。

1.办案人赵涛向二审提供的证词与侦查卷提供的抓捕时间不一致。

皇姑禁毒大队《关于张某一、刘某某、张某、赵某贩毒、运输毒品案件侦破过程情况》（以下简称为"《侦破过程情况》"）称："9月8日中午，民警在中乾大厦将刘某某、张某一抓获。"（刑事侦查卷宗补充侦查卷3卷第1页倒数第6行）而在2013年9月8日，赵涛、张斌（化名）出具的《抓捕经过》中称："于9月8日凌晨2时许在中乾大厦A座1-17-19室将刘某某抓获。"（沈阳市公安局刑事侦查卷宗第13页第2行）

2.赵涛出具的证词与皇姑禁毒大队的证明内容相互矛盾。

赵涛在证词中表述："事前跟踪刘某某、张某一多日，并掌握了2人照片。"而在皇姑禁毒大队《侦破过程情况》中，举报人举报的是刘某某和张某，并没有张某一的名字，该《侦破过程情况》提到："事后查证是张某一。"（刑事侦查卷宗补充侦查卷3卷第1页倒数第7行）

据被告刘某某口述抓捕过程，2013年9月6日，刘某某到机场接到张某一后，到处找张某，后知道张某当天吸毒过量，找遍了张某在沈阳可能待的地方，爷爷家、姥姥家和姑姑家，一直找到9月7日凌晨，然后他到北行附近的中乾大厦19层住下。9月7日早晨7时左右，饭店负责人找到刘某某说19层今天有别的安排，让他们搬到17楼。9月7日晚8时左右，刘某某因有一朋友第二天结婚，去送了2000元礼金。约9时左右，刘某某回到中乾大厦时，在电梯里被5、6个便衣控制，便衣将刘某某带至13楼一房间。这时，一便衣用刘某某的手机到外面打电话，过了一会两个便衣回到13楼房间，说19楼只有两个房间有电话动静。这时刘某某主动对便衣说："他（指张某一）不在19楼，搬到17楼了。"这时便衣押着刘某某到了17楼，便衣在用刘某某的手机打电话时，张某一从房间探出头来，看见刘某某被便衣押着，张某一企图逃跑，被便衣抓住。从刘某某被抓捕到张某一被抓，前后有约半小时时间。张某一不是从外面回来被抓，而是在17楼房间被抓，这和《侦破过程情况》中所表述的"9月8日中午，民警在中乾大厦将刘某某、张某一抓获"不符。（刑事侦查卷宗补充侦查卷3卷第1页倒数第6行）

以上抓捕经过说明，侦查人员并不知二人从19层搬到17层的事实，如果不是被告刘某某说出17层，并带便衣去指认，张某一可能脱逃。根据《大连会议纪要》规定，刘某某应认定为有立功表现。赵涛的证词与侦查卷中的记载相互矛盾。辩护人恳请复核庭就刘某某立功的抓捕细节核实、确认。这一立功情节对被告刘某某十分重要，应本着实事求是的态度去认定。

尊敬的复核法官，作为被告刘某某死刑复核阶段的委托律师，我深感人命关天、责任重大。毒品犯罪危害社会，让人沉沦且诱发新的犯罪。该杀的杀，民心称快；不该杀的杀了，只能让人惋惜。《大连会议纪要》明确了毒品犯罪哪些应判死刑立即执行，哪些可以不必立即执行，做到少杀、慎杀。辩护人认为，从本案情节来看，被告刘某某不属于那种罪大恶极的犯罪分子，其主观恶性不深，人身危害不大，他不是毒品的源头，走上今天的犯罪道路，有其特殊的社会成因。

被告刘某某现年还不到 30 岁，人生的道路还很漫长，家里有父母、妻子和不满三周岁的孩子。辩护人再次恳请复核法官能慎用死刑立即执行，将枪口抬高一寸，给他生的希望。辩护人相信他能够改造好，也能够成为一个对社会、对家庭有用的人。

此致

最高人民法院

辩护人：北京天睿律师事务所

刘福奇律师

2016 年 3 月 17 日

◎ 案例评析

死刑复核阶段辩护律师的辩护作用如何？死刑复核阶段律师辩护权利是否有所保障？通过办理本案，个人切身体会，答案是肯定的。首先，律师阅卷权有所保障，之前好像是不允许，至少是非常困难的。因为死刑复核阶段的辩护律师不一定是原审辩护律师，复核律师需要全面了解案情，独立发表辩护意见，辩护律师阅卷权的保障显得尤为重要。本案就辩护律师提出的关于被告刘某某在抓捕中有立功情节，很遗憾，在经历近三个小时的视频提审后，最终没有得到认定。

毒品犯罪是以数量决定量刑，类似诈骗罪，情节相对而言就不那么重要，当数额达到死刑标准时，案件的其他情节对量刑结果不是很重要，除非有重大立功表现。本案发生在毒品犯罪高发期和严厉打击毒品犯罪期间，死刑复核期间最高人民法院出台了关于毒品犯罪的司法解释，相应提高了死刑适用的标准。

办理本案最大的感受是可惜，毒品害人，从吸毒到贩毒，年轻生命走上了不归路。死刑（指立即执行）只适用于侵犯公民、社会和国家重大利益的极其严重的犯罪，只有"最严重的犯罪"才可以判处死刑，只适用于罪大恶极的犯罪分子。中国目前保留死刑适用，但逐步减少死刑适用并严格控制死刑的适用。值得欣慰的是，2015年11月1日起施行的《刑法修正案（九）》再度减少了九个死刑罪名，取消了走私武器、弹药罪，走私核材料罪，走私假币罪，伪造货币罪，集资诈骗罪，组织卖淫罪，强迫卖淫罪，阻碍执行军事职务罪，战时造谣惑众罪九个死刑罪名。希望假以时日，我国在非暴力犯罪死刑适用方面更为审慎。

◎ 案件提示

1.代理死刑复核案件，作为死刑复核阶段的代理律师，应该对案件整体情况包括侦查阶段、审查起诉阶段、一、二审审判阶段有较为全面的了解与掌握。这主要是通过行使辩护律师的阅卷权来实现，充分了解案情对于死刑复核阶段辩护律师发表独立的辩护意见尤其重要。需要说明的是，死刑复核案件的阅卷工作一般是在最高人民法院进行的。

2.在法律允许的情况下，会见死刑复核案件当事人——安抚其情绪；与其交代家中情况、转达家人的关心；积极询问当事人可能影响案件量刑的情节；如若涉及自首、立功等情节，应针对相关细节展开询问，详尽了解情况，以便撰写书面辩护意见。

3. 到最高人民法院面见承办法官并提交辩护词和相关案件材料时，应尽可能地与承办法官沟通自己的困惑，将自己不是特别熟知的司法实践困惑与承办法官进行及时沟通，从而更加明确自己的辩护方向。对于可能影响定罪量刑的案件情节，除形成书面的辩护意见向法院提交外，还应该尽可能地抓住机会向承办法官当面反映，以达到引起法官注意、重视的目的。

4. 我国《刑法修正案（九）》有关死刑的规定，除取消了九个死刑罪名外，还对死刑缓期执行制度进行了新的规定，将《刑法》第五十条第一款修改为："判处死刑缓期执行的，在死刑缓期执行期间，如果没有故意犯罪，二年期满以后，减为无期徒刑；如果确有重大立功表现，二年期满以后，减为二十五年有期徒刑；如果故意犯罪，情节恶劣的，报请最高人民法院核准后执行死刑；对于故意犯罪未执行死刑的，死刑缓期执行的期间重新计算，并报最高人民法院备案。"

> 本案是一起劳动争议纠纷，涉及劳动仲裁、一审及二审较为完全的法律程序。这一整体过程恰好反映了在遇到类似纠纷时劳动者或用人单位解决纠纷的操作流程。我作为本案劳动者的委托诉讼代理人参与了本案二审，在经过一番努力后，本案取得了较为满意的结果，最终以调解结案。希望大家通过本篇可以获得启发。

穷尽法律救济途径，维护劳动者合法权益
——黄某劳动争议案

◎ 案例索引

上诉人（原审原告） 黄某

被上诉人（原审被告） 光电公司

案由 劳动争议纠纷

仲裁机构 北京市平谷区劳动争议仲裁委员会

一审法院 北京市平谷区人民法院

二审法院 北京市第三中级人民法院［（2016）京03民终1497号民事调解书］

◎ 案件追踪

2006年，黄某作为工程师加入光电公司工作，经其部门领导同意，黄某可以不坐班，工作时间较为弹性。2014年，光电公司办公地点由大兴亦庄搬到平谷兴谷开发区，黄某因离家太远欲提出辞职，为挽留黄某，部门负责人同意其可以不坐班。2015年公司换了高级管理层，规定所有员工都需上下班打卡，黄某因拒绝打卡被公司以违反劳动纪律旷工为由除名。

黄某认为光电公司违法解除劳动合同，侵犯了其合法权益，向北京市平谷区劳动争议仲裁委员会提出仲裁申请。仲裁庭经审理，驳回了黄某的仲裁请求。黄某对仲裁裁决不服又向北京市平谷区人民法院提起诉讼，平谷区人民法院亦驳回了黄某的诉讼请求。黄某对一审法院判决不服，委托我作为二审诉讼代理人，向北京市第三中级人民法院提起上诉，案件审理过程中，在法官主持下，双方达成了调解协议，光电公司一次性给付黄某二万八千元的经济赔偿。

◎ 二审代理意见品鉴

尊敬的二审法官：

我受本案上诉人黄某的委托、北京天睿律师事务所的指派，担任其与被上诉人光电公司劳动争议一案的代理人，依法出席了本案的庭审活动。根据法律规定，结合本案事实，我提出如下代理意见，供合议庭参考。

一、上诉人和被上诉人之间存在劳动合同关系，被上诉人单方解除劳动关系构成违法解除劳动合同，应向上诉人支付经济赔偿金

上诉人和被上诉人于 2006 年和 2012 年分别签订劳动合同，其中 2012 年签订的劳动合同明确约定："甲方（即上诉人）工作起始时间 2006 年 8 月 31 日。""本合同于 2012 年 9 月 1 日生效，本合同于 2017 年 9 月 30 日终止。"因此上诉人与被上诉人自 2006 年 8 月 31 日起建立了劳动合同关系，终止时间应为 2017 年 9 月 30 日。但在 2015 年 2 月 28 日，被上诉人单方向上诉人发出《辞退通知书》，解除双方劳动合同，并要求上诉人立即到公司相关部门办理离职手续。被上诉人的行为已构成违法解除劳动合同，故应向上诉人支付经济赔偿金。

二、上诉人工作性质决定其无法每日到公司打卡上班，因此双方对劳动合同进行了实质上的变更，打卡记录不能作为上诉人旷工依据

在《劳动合同书》中约定，上诉人工作岗位为机械工程师。从双方提交的证据可知，上诉人经常于凌晨左右和其他单位沟通机械故障问题，并需到故障现场查看情况。此外，其撰写的工作文件也可以通过邮件方式发送给公司。

为了使上诉人更好地完成工作内容，双方达成口头协议：上诉人无须每日上班打卡，日常工作可在家中完成，必要时到公司进行讨论和汇报（证人证言、上诉人请假短信等证据均可证明）。自 2012 年签订劳动合同至今，该口头协议变更已超过 1 个月。

根据《关于审理劳动争议案件适用法律若干问题的解释（四）》（以下简称"《解释（四）》"）第十一条规定，变更劳动合同未采用书面形式，但已经实际履行了口头变更的劳动合同超过一个月，且变更后的劳动合同内容不违反法律、行政法规、国家政策以及公序良俗，当事人以未采用书面形式为由主张劳动合同变更无效的，人民法院不予支持。

基于上述解释，结合具体案情，显然双方就劳动合同已经进行了实质上的变更，被上诉人以上诉人未出勤打卡为由就认定其旷工是错误的。

三、被上诉人提交的 2015 年 1 月、2 月《考勤表》、2015 年 1 月《公出申请单》不能证明上诉人存在旷工情况

1.《考勤表》无上诉人签字，为被上诉人单方撰写，真实性不应予以认可。

被上诉人提交的 2015 年 1 月、2 月《考勤表》中，并无上诉人签字，而上诉人提交的 2012 年 12 月、2013 年 4 月、2014 年 2 月的《考勤表》均有上诉人签字。在本案中，上诉人正常工作的《考勤表》有签字，而被上诉人用来证明上诉人旷工的《考勤表》却恰恰没有上诉人签字，显然被上诉人为了辞退上诉人，很可能单方虚构了 2015 年 1 月和 2 月的《考勤表》，该两份《考勤表》不应作为定案依据。

2.《考勤表》内容与真实情况不符。

以 2015 年 2 月 10 日短信证据为例，上诉人 2 月 10 日（周二）向其部门部长发送短信内容为："我今天不过去了，完善 5CC 码管机的方案。明天开家长会，周四去公司"。其部长范周（化名）当天回复："好的"。然而在《考勤表》中，2015 年 2 月 10 日（周二）、11 日（周三）均显示为上诉人旷工。显然，被上诉人提交的《考勤表》虚构了上诉人旷工的事实。

另，证人证言可证实，上诉人在上班期间无须打卡，另依据上诉人提供的《银行对账单》可知，2014年12月之前，其均取得了全额工资。显然，上诉人上班不打卡，依工作内容调整办公地点是经双方认可的，被上诉人单方出具的《考勤表》无法证明上诉人存在旷工行为。

3.《公出申请单》不能作为证明上诉人旷工的证据。

在庭审中，被上诉人一直强调上诉人不到单位应提交《公出申请单》，2月10日和11日之所以记录上诉人旷工是因为其未提交《公出申请单》造成的。但是从上诉人提交的《公出申请单》可以看出，该申请单系部门内部负责人填写，无须员工签字。显然，《公出申请单》系被上诉人公司内部部门负责人单方面填写，无须员工提交。以2015年2月10日、11日为例，该两日不去公司已得到部门负责人批准，但部门负责人并未填写相关单据，《考勤表》也将上诉人记录为旷工。显然，被上诉人对公司考勤的管理是十分混乱的，《公出申请单》存在漏填现象。故《公出申请单》不能作为上诉人旷工的依据。

2015年的《考勤表》和《公出申请单》均由被上诉人单方面填写，且与事实不符，真实性不应予以认可，更不应作为确认本案事实的依据。故，前述证据无法证明上诉人在2015年1月、2月存在连续性旷工的情形，被上诉人严重违反了公司考勤管理制度。

综上所述，上诉人2015年1月、2月正常履行工作事务，被上诉人于2月28日单方解除劳动合同系违法解除，应向上诉人支付经济赔偿金、拖欠的工资及竞业限制补偿金等款项。

我的代理意见，望法庭予以采纳。

此致

北京市第三中级人民法院

上诉人诉讼代理人：北京天睿律师事务所
刘福奇律师
2016 年 1 月 20 日

◎ 案例评析

对于这起劳动争议案件，作为劳动者处理得不够冷静，也因此丧失了主张合法权益的最佳机会。

首先，工作地点是劳动合同的重要组成部分，实际工作地点的变更，是客观情势变化，导致劳动者依原劳动合同约定的工作地点履行劳动合同的合同目的不能实现。我国现行《劳动法》第26条第3项规定，劳动合同订立时所依据的客观情况发生重大变化，致使原劳动合同无法履行，经当事人协商不能就变更劳动合同达成协议的，用人单位可以提前三十日以书面形式通知劳动者本人解除劳动合同。此外，劳动部关于《中华人民共和国劳动法》若干条文的说明指出，本条中的"客观情况"指发生不可抗力或出现如企业迁移、被兼并、企业资产转移等其他致使劳动合同全部或部分条款无法履行的情况。

据此，对于工作地点变化这种情形，劳动者与用工单位可以协商变更劳动合同，协商不成的，劳动者可以选择离职；如若被公司辞退，劳动者还可以依法主张经济补偿金。本案中，黄某想要离职只需提前向公司提交辞职报告，无须以旷工作为代价。其次，当劳动者与公司达成口头协议时，应以法律允许的形式固定下双方合意的内容，以备不时之需。显然，本案举证过程中，黄某无须打卡上班的证据不如其是旷工的证据夯实，黄某无须打卡上班的证据不足以推翻员工必须打卡的企业规章制度。同时，法庭也注意到了光电公司的证据瑕疵——光电公司提交的 2015 年 1 月、2 月份涉及黄某连续旷工的《考勤表》没有黄某签字确认。由此看来，在双方当事人证据均不够充分的情况下，本案以调解结案已然是对劳动者一方合法权益进行了充分保护。

◎ 案件提示

[用人单位解除劳动合同]

我国《劳动法》第 24 条规定，经劳动合同当事人协商一致，劳动合同可以解除。该条赋予了劳动者与用人单位双方协商解除劳动合同的权利。《劳动法》第 25 条规定，劳动者有下列情形之一的，用人单位可以解除劳动合同：（一）在试用期间被证明不符合录用条件的；（二）严重违反劳动纪律或者用人单位规章制度的；（三）严重失职，营私舞弊，对用人单位利益造成重大损害的；（四）被依法追究刑事责任的。该条在劳动者存在过错的情况下，赋予了用人单位以单方解除劳动合同的权利。《劳动法》第 26 条规定，有下列情形之一的，用人单位可以解除劳动合同，但是应当提前三十日以书面形式通知劳动者本人：（一）劳动者患病或者非因工负伤，医疗期满后，不能从事原工作也不能从事由用人单位另行安排的工作的；（二）劳动者不能胜任工作，经过培训或者调整工作岗位，仍不能胜任工作的；（三）劳动合同订立时所依据的客观情况发生重大变化，致使原劳动合同无法履行，经当事人协商不能就变更劳动合同达成协议的。该条赋予用人单位解除劳动合同权利的依据在于因劳动者患病、非工伤，不能胜任工作，客观情况发生变化等情形，劳动合同无法继续履行。《劳动法》第27条第1款规定，用人单位濒临破产进行法定整顿期间或者生产经营状况发生严重困难，确需裁减人员的，应当提前三十日向工会或者全体职工说明情况，听取工会或者职工的意见，经向劳动行政部门报告后，可以裁减人员。该条将用人单位生产经营严重困难或濒临破产进行法定整顿等客观原因作为其裁员依据，并规定了相应的裁员流程。

以上是涉及用人单位解除劳动合同的多种情形。依据《劳动法》第28条，用人单位依据本法第24条、第26条、第27条的规定解除劳动合同的，应当依照国家有关规定给予经济补偿。据此，用人单位依据《劳动法》第24、26或27条与劳动者解除劳动合同的，需要依法给予经济补偿金。排除第25条的原因在于，第25条规定的是用工单位因可归责于劳动者的原因解除劳动合同。

[优势证据规则]

优势证据规则又称"高度盖然性占优势的证明规则"，是法院采信规则（采纳证据的方式）的一种，是对当事人双方所举证据的证明力进行判断时所确立的规则。即当证明某一事实存在的证据的分量与证明力比反对的证据更具有说服力（一方所举证据具有证据优势）时，法官据此进行判断以排除合理怀疑，采用具有证据优势一方当事人所列举的证据认定某一案件事实。

[劳动争议案件的仲裁与诉讼]

在此需要反复提示的是,就劳动争议而言进行劳动仲裁是诉讼的前置程序。依据我国现行《劳动法》第79条、第82条及第83条规定,当事人应当自劳动争议发生之日起六十日内向劳动争议仲裁委员会提出书面仲裁申请。仲裁庭自收到仲裁申请的六十日内作出仲裁裁决。对仲裁裁决不服的,可以自收到仲裁裁决书之日起十五日内向人民法院提起诉讼。

据此,劳动争议发生之后,争议一方要想向法院提起诉讼解决纠纷,就必须在劳动争议发生之日起六十日内向具有管辖权的劳动仲裁委员会申请仲裁。在收到仲裁裁决书之日起十五日内向管辖法院提起诉讼。先劳动仲裁后诉讼。

> 因二手房买卖而引起的纠纷在当今很常见，在房屋实际交付、变更房屋产权登记备案之前，卖方违约拒绝继续履行买卖合同，拒绝交付房屋的，买方能否基于合同主张将继续履行作为卖方承担违约责任的方式？卖方如何承担违约责任才算合理、适当？对此，本篇涉及的两自然人之间的二手房买卖合同纠纷案件将为大家提供答案。

违约责任之不继续履行：不动产买卖（1）
——朱某房屋买卖合同纠纷案

◎ 案例索引

申请人　吕某（房屋买受人）

被申请人　朱某（房屋出卖方）

案由　房屋买卖合同纠纷

仲裁机构　北京仲裁委[（2009）京仲调字第0187号]

◎ 案件追踪

吕某与朱某经北京链家房地产经纪有限公司居间介绍于2009年2月28日签订了《购房合同》及相关协议，朱某将其所有的位于北京朝阳区某小区一套房屋卖给吕某。双方就此房屋买卖合同约定了定金条款、首付款支付方式,对双方的权利义务作了相应约定。

合同签订后,吕某支付了2万元定金。事后朱某不愿继续履行合同并表示愿意支付双倍违约金,而吕某则要求继续履行合同,朱某拒领首付款,不配合吕某办理相关房屋过户手续。

故吕某依据合同约定的仲裁条款向北京仲裁委提起仲裁,要求裁决朱某继续履行合同并赔偿相应的经济损失。本案经两次开庭,双方争议较大,案件审理过程中,朱某委托我作为仲裁代理人参加庭审。

在北京仲裁委员会主持下,双方达成调解协议,解除了双方签订的房屋买卖合同及补充协议;朱某向吕某支付各项经济损失,共计14万元;仲裁费由吕某承担。

◎ 仲裁代理词品鉴

尊敬的仲裁员:

我受贵委(2009)第0447号仲裁案被申请人朱某的委托,北京中洋律师事务所的指派,担任朱某的仲裁代理人。根据法律规定,结合本案事实,我提出如下代理意见,请仲裁庭考虑。

一、关于被申请人的违约责任

违约要承担违约责任,这是常识亦是法律的基本规定。但要承担何种形式的违约责任和承担多大的违约责任,则要看合同双方当事人的约定,双方没有约定的,就要看法律规定。就本案而言,双方在补充协议中明确约定了以定金罚则作为违约责任条款,从而确定双方各自的违约责任。依据《合同法》相关规定,定金既是违约责任的一种形式，也是一种履约担保条款。

具体来说，双方在签约时对各自的违约责任都有清晰的认知。对被申请人而言，如果他不想出售该房屋，那么他要双倍返还定金并支付申请人为购房实际支出的相关费用；如果申请人不想买了，所交定金不退并承担被申请人由于卖房而支付的相关费用。

代理人认为，补充协议是双方在平等自愿的基础上，经认真阅读签订的。合同中的违约责任条款是双方当事人的合意，是真实意思表示。我国《合同法》充分尊重当事人的意思表示，只要协议内容不违反法律、法规强制性规定即视为有效条款，约定在一定条件下甚至优先于法定。既然双方约定了违约条款，那么申请人为什么要在约定之外让被申请人承担继续履行的法律责任呢？继续履行是承担违约责任的一种形式，但本案中双方并没有就此进行约定。仲裁庭在确定违约责任时同样不能违背当事人的约定，否则将违背立法本意。

因此，本案被申请人因违约应承担何种法律责任，承担多大的责任是明确且具体的。

二、关于申请人的仲裁请求

申请人抛开合同约定的"定金罚则"而提出让被申请人继续履行，诚然，继续履行是法律规定违约方承担违约责任的一种形式，但是，继续履行合同实际上存在一定的复杂性，涉及诸多细节，因此我国《合同法》对继续履行的有严格的限定。比如规定，在法律或事实上不能履行的就不能适用继续履行。

代理人认为，本案不适宜继续履行，理由如下：1.本案在法律上不适宜继续履行。继续履行是法律强迫当事人作出特定行为。而买卖房屋是一种民事行为，民事行为应遵循自愿平等原则，在被申请人同意按约定承担违约责任的前提下，要求被申请人必须出卖房屋涉嫌强迫交易。2. 本案在事实上也无法继续履行。被申请人不想履行合同就不可能配合申请人工作。办理房屋过户手续等工作均无法顺利进行，势必会给执行带来操作难度。3. 如果申请人申请得到仲裁庭的支持，那么本案将不能做到定纷止争，案结事了，不仅浪费双方当事人的人力、物力和财力，更不利于社会的和谐和稳定。

综上，代理认为，申请人要求继续履行的仲裁申请属于滥用诉权，依法不应得到仲裁庭的支持。因此产生的仲裁费用应由其自行承担。

三、关于申请人的经济损失

申请人曾提出共计约 15 万元的经济损失。这些损失是否真实存在？如果存在应由谁承担？哪些是申请人造成的，哪些是被申请人造成的，责任的划分必须依照双方的约定和法律的规定，而不是依申请人的申请。可以确定的是这些所谓的损失已远远超出被申请人签约时的预见，有些损失是申请人自行扩大的损失。提醒仲裁庭，依照法律相关规定，申请人要求继续履行与赔偿损失是不能并行的，申请人只能选择其一。如果申请人不变更仲裁请求的话，那么仲裁庭只能就本案是否要求被申请人继续履行作出裁决。如果说申请人变更仲裁申请提出赔偿损失，同样也应按照双方约定的赔偿限额，否则将超出被申请人的合理预见。依照双方约定被申请人如果不履约除要双倍返还定金外还要承担申请人为购房支出的各项费用。代理人注意到申请人主张的为购房而支出的费用仅是预算，一些费用因双方未能实际成交而没有发生。因此，申请人所主张的各项费用是否必然发生，是否认定为实际损失等问题需要慎重考虑。

尊敬的仲裁员,本案诉争至今,历经两次开庭。代理人认为本案事实清楚,法律关系简单,如果说复杂,那就是申请人要求继续履行合同的仲裁申请给本案带来程序上和实体上的操作难度。简单问题复杂化,给双方当事人造成一定的诉累。如果双方按照合同约定的违约条款解决问题,双方损失都将是最小的。公正和效率是仲裁裁判的基石,代理人相信仲裁庭会依照法律和事实尽快审结本案,使纷争得以解决。最后我要感谢仲裁员和本案仲裁秘书为本案所做的辛勤工作。

我的代理意见,恳请仲裁庭给予考虑。

谢意!

仲裁被申请人代理人:北京中洋律师事务所

刘福奇律师

2009年7月6日

◎ 案例评析

本案诉争的大背景是北京房价迅猛上涨且处于上涨初期阶段,合同约定的房屋交易价格远远低于房屋交付时的实际市场价格,正因为此,很多房屋出卖人宁可支付巨额违约金也不愿继续履行合同,出卖房屋。作为卖房人的朱某正是因为此而不愿继续出售涉案房屋,本案纠纷因此产生。本案争议的最大问题是仲裁申请人要求被申请人继续履行合同是否有法律依据,是否具有可行性。

《合同法》第107条对承担违约责任的形式进行了规定——继续

履行、采取补救措施或赔偿损失等。由此可知，继续履行确实是承担违约责任的形式之一。然而，《合同法》第110条对不能要求继续履行的情形进行了明确规定：①法律上或者事实上不能履行；②债务的标的不适于强制履行或者履行费用过高；③债权人在合理期限内未要求履行。结合本案具体情况，就涉案房屋买受人的吕某仅是交付了定金，相应地，朱某也仅是收取了定金。在吕某给付房屋首付款时，朱某就及时地予以拒绝。吕某交付房款的义务因为作为房屋出卖人的朱某不配合而无法进行，这就造成了本案出现了事实上不能履行的情形，其次，仲裁庭也无法径行裁决朱某接受吕某给付涉案房款，继续履行合同。综上，可以认定本案存在《合同法》第110条规定的不能要求继续履行的情形，作为守约方的买受人吕某只能要求朱某承担赔偿经济损失这一形式的违约责任。正因为如此，仲裁双方当事人才有可能在仲裁庭的调解下达成调解协议。

我的代理词从民事法律自愿履行即合同意思自治的角度，从继续履行不具有可行性的角度对我当事人应该承担违约责任的合理形式加以论述。经过不断努力，我极大程度地维护了我方当事人即房屋所有权人的合法权益，使本案最终有了完满的结局。

◎ 案件提示

[合同意思自治原则]

意思自治原则是民法的基本原则之一，亦是合同法的一项极其重要的基本原则。意思自治又叫契约自由，即在不违反法律，不损害社会公共利益的前提下，合同当事人享有充分的合同自由，合同约定完全由合同当事人的意志确定，只要合同当事人对合同约定达成合意，任何单位、个人均不能强加干预。我国《合同法》第4条规定的"当事人依法享有自愿订立合同的权利，任何单位和个人不得非法干预"便是意思自治原则在合同法具体条文中的体现。

[房屋买卖合同——违约责任之继续履行]

我国《合同法》第107条规定，当事人一方不履行合同义务或者履行合同义务不符合约定的，应当承担继续履行、采取补救措施或者赔偿损失等违约责任。据此，房屋出卖人违约的，守约的房屋买受人可以主张要求出卖人继续履行房屋买卖合同，配合过户，交付房屋。然而，继续履行并非没有条件，依据《合同法》第110条规定，当事人一方不履行非金钱债务或者履行非金钱债务不符合约定的，对方可以要求履行，但有下列情形之一的除外：（一）法律上或者事实上不能履行；（二）债务的标的不适于强制履行或者履行费用过高；（三）债权人在合理期限内未要求履行。由此看来，作为违约责任形式之一的继续履行是有条件的。

据此，买受人对房屋买卖合同主张继续履行的，法院一般还要求买受人已经付完全部房款或者有能力一次性付清全部或剩余全部房款。司法实践中，法院一般会要求买受人将待付房款存至法院案款专用账户，确保其具有履行合同的经济实力。如若涉及以银行贷款方式购买房屋而贷款尚未审批通过且买受人无力自行付清房款的，法院一般不会判决房屋出卖人继续履行买卖合同。

> 本案是一起房屋买卖合同纠纷，是当今社会中时有发生较为常见的。本案的特殊之处在于房屋买受人向法院提出的要求房屋出卖人继续履行合同的请求得到了法院支持。那么究竟是什么原因呢？法院的做法是否有事实及法律依据？法院判决房屋买卖合同继续履行都会考虑哪些因素？对于这些问题，本案将为大家一一揭晓。

违约责任之继续履行：不动产买卖（2）

——杨某、封某某房屋买卖合同纠纷案

◎ 案例索引

上诉人（原审被告、反诉原告） 杨某、封某某（二人为夫妻）

被上诉人（原审原告、反诉被告） 耿某

案由 房屋买卖合同纠纷

一审法院 北京市大兴区人民法院〔（2016）京0115民初14030号民事判决〕

二审法院 北京市第二中级人民法院〔（2017）京02民终2060号民事判决〕

◎ 案件追踪

耿某与杨某于 2015 年 11 月 17 日签订了存量房屋买卖合同及补充协议。当日双方委托房产公司就房屋买卖合同办理了网签。合同约定杨某将位于北京市大兴区的一套房产出售给耿某，房款为 190 万元。耿某以公积金贷款形式支付房款，拟贷款 120 万元。合同签订后，耿某依约当日即给付杨某 5 万元定金；2015 年 12 月 25 日，支付 23 万元定金，共计 28 万元。2015 年 12 月 7 日，杨某向耿某交付房屋。直至本案诉讼，耿某一直在此居住。

合同另约定，2016 年 7 月 30 日支付 42 万元首付款，未勾选支付方式。过户前该房屋所有权人依然为甲方。根据大兴区相关购房规定，2016 年 6 月 1 日后需要房屋核验才能交易，房屋核验于 10 个工作日内审核出结果。但在合同履行过程中，杨某迟迟没有配合提交房屋核验所需材料。7 月初才进行了房屋核验。与此同时，合同履行过程中，耿某想将购房人变更为其弟耿一，就此，杨某拒绝配合耿某进行网签、面签。耿某亦没有按合同约定在 2016 年 7 月 30 日给付杨某房屋首付款。最终，耿某购房资质审核在 8 月 10 日才通过。合同履行过程中，耿某选择以资金监管的方式给付房屋首付款，但资金监管账户需要在网签、面签后才能设置，需要杨某配合。2016 年 8 月，耿某的贷款方式由公积金贷款改成了商业贷款，对此，杨某表示拒绝面签，并主张合同已经超过了约定的履行时间。

双方对于合同的履行出现分歧，僵持不下，8 月 14 日，杨某发出解除合同告知书并送达耿某。事后，耿某以杨某因房价上涨故意拖延，拒绝履行房屋买卖合同为由将杨某诉至北京市大兴区人民法院，要求其继续履行合同；就此，杨某提起反诉，要求法院确认解除合同并主张耿某赔偿其因迟延履行给其带来的经济损失。

北京市大兴区法院经审理认为，耿某未能按期支付42万元首付款，最终选择以公积金贷款的方式进行支付。因为资金监管（或资金存管）账户没有设立，耿某未支付首付款并没有违约。且杨某已将房屋交付给耿某，因此尽管双方约定的履行时间已过，合同仍应继续履行。耿某虽提出更换合同主体，但事实上并未以其他主体的名义进行交易，而是继续以耿某的名义进行网签，不能认定耿某违约。同时，耿某试图变更合同主体的行为也造成了时间延误，故不支持耿某要求杨某支付违约金的诉讼请求。双方在合同的履行过程中均存在违约。法院判决耿某向杨某支付剩余162万房款，同时要求杨某将房屋过户给耿某。

杨某、封某某不服一审判决，上诉至北京市第二中级人民法院请求撤销一审判决并支持其反诉请求。北京市第二中级人民法院经审理认定，纵观合同前序履行过程，耿某在资质审核环节存在延迟，杨某亦在房屋核验存在延迟，但双方行为均不能认定构成根本违约。耿某未能于合同约定的时间支付首付款，系由于双方履行过程中的延迟导致未能及时设立账户，对此双方均有责任；耿某提交的补充协议照片打印件，一审法院仅表述双方的意见，并未对该证据予以采纳。一审法院认定合同应当继续履行正确，维持原判。

◎ 一审代理意见及二审代理意见品鉴

[一审代理意见]

尊敬的审判长：

我受本案杨某、封某某（原审被告，反诉原告）的委托，担任耿某（原审原告，反诉被告）诉杨某、封某某商品房买卖合同纠纷一案的诉讼代理人，依法参加了本案的庭审活动。根据法律规定和本案查明的事实，我提出如下代理意见：

一、本案因原告违约致使合同不能履行

原告违约事实之一表现为改变购房主体。原告以其弟弟耿一（化名）作为购房人违反合同约定，违反单方承诺，在双方未达成一致的情况下，被告对这种超出合同约定的要求有理由拒绝。根据北京市政府部门相关限购规定，房屋买卖交易对购房人主体资格有明确要求，尤其是通过公积金贷款形式支付购房款的，对购房人的贷款主体资格审查更为严格，不同的购房主体对合同能否顺利履行有着重大影响。

原告违约表现之二为未按合同约定的期间支付首付款。双方签订的买卖合同明确约定，买方应在 2016 年 7 月 30 日之前支付 42 万元首付款并同时办理房屋过户手续。根据双方所签补充协议约定，原告之前支付的 28 万元其性质为定金。只有在合同实际履行时，其性质才可转换为部分购房款。42 万元首付房款应是原告自有或自筹的，没有要求用贷款进行支付。该首付款与被告所谓的"拖延"没有任何因果关系。遗憾的是，本案庭审至今，没有任何证据能证明原告已有或筹足该部分资金。同时，被告也没有感受到原告实际履行购房合同之付款意愿，比如以 QQ、微信、电话等形式的付款承诺。这种情况下，被告如何做到同时履行合同义务？同时履行的前提是原告已备好首付款，而非被告先过户而原告首付款迟迟未到位。否则中介监管就失去了其存在的意义，交易安全尤其是被告的权益就无法保障。

二、被告不存在故意拖延的事实

被告作为卖方，其主要义务是配合房屋过户，其中包括房屋核验、网签面签、进行房屋变更登记转移房屋所有权及交付房屋。被告已交付了房屋。涉案房屋于 2016 年 6 月 18 日满二年，双方约定满二年后交易，以减免税费、降低买方负担。在 2015 年末签订合同时，被告已向中介及原告提供了完整的全套过户所需资料。此外，7 月 7 日，中介发给被告新规定后，得知中介要求提供房屋产权证高清照片。当天即按新规要求发给中介，不存在故意拖延的事实。

如果说拖延，那么如原告所述，其资审 8 月 10 日才下来，那么是哪方拖延了？原告资审没通过之前有什么理由让被告配合？一会儿商贷，一会儿公积金贷款，并且数额还与合同约定的不一致，这些足以让被告对原告的履约能力产生合理怀疑。

综上，被告在合同履行构成中不存在不配合中介及原告的情形，被告实际交付了房屋，应新的规定积极配合了房屋核验，不存在故意拖延的事实，原告诉称因房价上涨被告故意拖延没有事实依据。原告改变购房主体且未按合同约定期间支付首付款才是本案诉争的合同未履行的关键。代理人提示法庭，根据最高院关于适用《物权法》的司法解释（一）相关规定，实际交付并支付对价只有对特殊动产才具有物权变动的法律效力（可以不变更登记），而对于不动产而言，只有经登记变更才发生转移效力,实际占有无法对抗转移登记。

三、被告依约定解除合同应得到法律支持

如上所述,原告没有在购房合同约定的期间将首付款准备好,并已超出合同约定的 10 日,那么被告依约解除合同属于约定解除。解除通知已送达原告亦符合解除的形式要件。依据《合同法》相关规定,被告选择以违约金形式要求原告承担相应违约责任是合法正当的请求,应该得到法庭的支持。

综上,由于被告违反合同约定试图改变购房主体,没有按合同约定的期限支付首付款,导致合同无法履行。其责任在原告。被告不存在故意拖延问题,履行过程中也没有过错。原告应依约承担相应违约责任,请法庭依据法律和事实公正裁决。

以上代理意见,恳请法庭给予考虑,谢谢法官!

被告杨某、封某某委托诉讼代理人:
刘福奇律师
2016 年 11 月 6 日

[二审代理意见]

尊敬的审判长:

我受本案上诉人杨某、封某某的委托,担任其诉讼代理人出席了本案二审法庭,根据法律规定结合本案事实,我提出如下代理意见。

一、原审判决继续履行合同缺乏法律依据

首先需要明确,被上诉人耿某需支付的 190 万元购房款由三部分构成，包括 28 万元的定金、42 万元首付款和 120 万元的公积金贷款。其中 42 万元的首付款应当是被上诉人耿某自筹或自有资金，而不是以公积金贷款或商业贷款方式而来的，因此不论是什么原因造成的资质核验、房屋核验延误，都不能成为被上诉人耿某未能如约支付 42 万元首付款的理由。

原审判决认为 42 万元资金通过资金监管（或资金存管）的方式划转，因资金监管（或资金存管）账户并未设立，因此耿某未能支付 42 万元购房款并不违约。原审判决认定双方签订的买卖合同约定的 42 万元的付款方式为资金监管或资金存管，二者择一即可。按照原审判决的逻辑继续推演，如果付款方式为资金监管，因资金监管账户需要在网签、面签以后才能设立，未能完成面签无从设立监管账户，因此在 2016 年 7 月 30 日前双方就应该完成面签；如果付款方式是资金存管，此时不需要网签，双方可直接到银行申请设立存管账户由被上诉人耿某于 7 月 30 日前将 42 万元购房款打入存管账户即可。

根据《合同法》第一百零七条，当事人一方不履行合同义务或者履行合同义务不符合约定的，应当承担继续履行、采取补救措施或者赔偿损失等违约责任。任何一方不履行合同义务即违约，应承担违约责任，只有在不可抗力时才可免除违约责任。被上诉人耿某作为付款的主要义务方，可以根据情况选择采用资金存管（或资金监管）方式付款，上诉人承担相应的配合设立账户的义务，在账户设立后被上诉人将款项打入账户。不论选择哪种付款方式，上诉人无故意拖延不配合设立监管（或存管）账户，被上诉人作为付款义务方应当承担监管

（或存管）账户未能设立的法律后果，承担违约责任。退一步讲，因被上诉人完全可以选择资金存管方式付款，即使上诉人迟延配合房屋验核导致网签推延，也不阻碍双方到银行设立存管账户，以及被上诉人耿某将款项打入该账户。

在原审诉讼发生之前，被上诉人耿某自始至终未表明其自身有42万元购房款的履行能力，各种证据显示被上诉人主观上是想要以贷款方式支付该42万元，如果法院认可该行为，那么上诉人应获得的通过公积金贷款方式支付的120万元又当如何保护？房屋总价款共190万元，被上诉人已支付的只有28万元的定金，42万元的首付款都希望依靠贷款方式支付，在合同中已明确约定迟延支付购房款超过10日的出卖人享有解除权的情形下，法院又怎能苛责上诉人放弃合同解除权继续履行合同呢？

原审法院未能查明是哪一方的过错造成合同未能履行，对被上诉人违约行为视而不见。中介及被上诉人本人在与上诉人沟通中从未表示过已经准备好了42万元首付款。付款期限届满并超出10日后未付款，已经构成了根本违约。此外，变更合同主体是将合同权利义务概括转让，需经合同相对方的同意，在未经上诉人同意时，被上诉人试图变更合同主体属于不适当履行，上诉人有权拒绝。被上诉人改变贷款方式同样也是违约，不同的贷款方式、不同的贷款数额直接影响上诉人合同目的的实现。上诉人依约解除合同，并履行了送达程序。依照《合同法》有关规定，继续履行不是违约方的权利，而是违约方承担违约责任的一种方式，只有守约方才能要求违约方继续履行合同。法院判决继续履行是在本案事实尚未查明、责任未能分清、合同约定解除权被罔顾的情况下作出的一种对上诉人的强制行为，这直接剥夺了上诉人的合同解除权。

二、原审审判程序违法

原审判决合同继续履行的主要依据应是被上诉人提供的补充协议，即延长买房流程为270天的约定。这份证据是被上诉人在一审开庭时提交的，上诉人要求被上诉人提供补充协议原件，被上诉人因无证据原件而未能当庭提供。上诉人从未见到过补充协议原件，上诉人对该份证据从未认可，亦未在法庭上对该证据质证，也未有机会对该份证据的笔迹及指纹申请鉴定，原审仅根据承办法官的庭下核对即采纳该补充协议，违反了《民事诉讼法》的有关规定。

该份补充协议疑点重重。首先，该份证据的提供时间是在一审第二次开庭，并且该份协议原件在房产公司保存，上诉人与被上诉人都没有原件。如果是双方签订的补充协议，那么为什么原件在中介处，而协议的双方当事人却都没有？补充协议与房屋买卖合同是在同一时间签订，为什么会出现就流程办理时间相矛盾的约定？补充协议内容的手写部分是谁所写，"270"的改动痕迹又该如何解释。鉴于该份补充协议存在的重重疑点，被上诉人身为证据的提供方应当向法庭提供证据原件，房产公司作为证据原件的唯一持有方确有必要出庭向法庭说明情况。

因此，补充协议本身真伪不明存在疑点，原审未经质证而据以定案不符合诉讼程序，侵犯了上诉人的合法权益。

原审判决认定事实、适用法律错误，审判程序违法，恳请二审法院查明事实，依法维护上诉人的合法权益，避免诉累。

此致

北京市第二中级人民法院

上诉人杨某、封某某委托诉讼代理人：

刘福奇律师

2017年3月7日

◎ 案例评析

  契约精神是合约必须履行，这既是维护合同的严肃性，也是诚实信用原则在合同法上的体现。本案双方约定了解除合同的条件，当条件成立时，一方可以行使约定解除权。从立法本意来讲，约定解除权是赋予解除权人的权利，当合同双方均存在一定程度的违约的情况下，约定解除权的行使就需要结合案情综合予以考虑，如若享有解除权的权利人故意促使行使约定解除权的条件成就，约定解除权就很可能因此丧失了其行使的基础。本案的房屋买受人与房屋出卖人均存在违约情况，在这种情况下，双方应当如何分配违约责任则需要法官结合具体案情，综合予以判断，一定程度上体现了法官的自由裁量权。

  本案涉及的特殊情况有：1. 耿某已经实际占有并使用涉案房屋，如若判决房屋买卖合同继续履行，省去了强制腾房的成本便于操作；2. 房屋买受人已经支付了28万元定金但未依约支付房屋首付款（在合同双方没有约定首付款支付方式的情况下，意图以公积金贷款的形式支付）；3. 房屋出卖人没有积极配合买受人进行房屋验核；4. 北京房价大幅上涨,双方均愿作为涉案房屋所有权人等。二审法院对上述情形进行了综合考虑,并且在案件审理过程中要求房屋买受人将剩余房款打入法院专用案款账户,从而消除房屋买受人没有经济能力支付房款的顾虑。与此同时,考虑到房屋买受人已经支付了28万元定金;早已对涉案房屋进行了合法占有并使用,一直居住至今;首付款给付逾期的时间不长等实际情况(当然不排除二审法院考虑判决的既判效力、权威性及社会稳定性,判决的社会影响等),综合确认一审法院判决继续履行正确。

◎ 案件提示

1. 之前的一篇案例"朱某房屋买卖合同纠纷案"的案件提示部分同样适用于本案[合同意思自治原则][房屋买卖合同——违约责任之继续履行]。之所以把同一案由的两个案例收纳于本书,是因为房屋买卖合同在当今实属常见,且两个案例加以对比不难看出——一个案子在法院主持下双方达成调解协议,房屋出卖人没有继续履行房屋买卖合同;另一个法院判令出卖人继续履行合同,究其原因就是司法实践中对该类案件的综合判断。

2. 我国《物权法》第28条规定,因人民法院、仲裁委员会的法律文书或者人民政府的征收决定等,导致物权设立、变更、转让或者消灭的,自法律文书或者人民政府的征收决定等生效时发生效力。该条明确了生效的法院裁判、仲裁委裁决以及政府征收决定可以直接发生物权变动的法律效力,无须公示(变更登记)。然而《物权法》第31条又规定,依照本法第28条至第30条规定享有不动产物权的,处分该物权时，依照法律规定需要办理登记的，未经登记，不发生物权效力。因《物权法》第 28 条原因发生物权变动的，对案外第三人的公示力及公信力相对较弱，所以当处分因涉及法律生效文书而发生物权变动的不动产时需要公示。

本案涉及的是其他科技成果权纠纷，"权利人"汪某主张权利的法律依据是《民法通则》中关于"科技成果权"的有关规定，纠纷产生的时点非常有趣，在新旧法交替之际。《民法总则》实施后，"科技成果权"这一不甚明确的权利被删除，代替的是对知识产权客体的一一列举。如此，这个案子又该何去何从？我作为上海鉴定中心的代理人，从其角度切入，对相关问题进行了分析。值得一提的是，本篇代理词经整理以"其他科技成果权法律保护之误区"为题目发表于2018年1月（下）的《法制与社会》。

新旧交替，其他科技成果权之存废

——上海某鉴定中心其他科技成果权纠纷案

◎ 案例索引

上诉人（原审被告） 上海鉴定中心

上诉人（原审被告） 人社部

上诉人（原审原告） 汪某

原审被告 质检总局

原审被告 标准委

案由 其他科技成果权纠纷

一审法院 北京市海淀区人民法院〔（2015）海民（知）初字第30335号〕

二审法院 北京知识产权法院〔（2017）京73民终109号〕

◎ 案件追踪

汪某是青岛大学法学院的诉讼法、临床法医学硕导，兴趣驱使，其利用业余时间分别于2000年、2013年在2000年第7卷第2期《法律与医学杂志》第75页以及2013年第28卷第4期《中国法医学杂志》第338页上发表了《浅析视力减弱补偿率在伤残等级评定中的应用》（以下简称"《浅》文"）及《视力减弱补偿率研究》（以下简称"《视》文"）两文。两篇文章均涉及了"视力减弱补偿率与工伤残疾对应关系"，汪某主张其对两篇文章中涉及的运用视力减弱补偿率评定视力伤残等级的应用方法具有科技成果权。

2012年8月13日，标准委发布包括修订《劳动能力鉴定职工工伤与职业病致残等级》GB/T16180-2006标准（以下简称"《2006版标准》"）在内的国家标准修订计划，后《劳动能力鉴定职工工伤与职业病致残等级》国家标准GB/T16180-2014（以下简称"《2014版标准》"）于2014年9月3日发布，于2015年1月1日实施。《2014版标准》由人社部组织，委托上海鉴定中心起草，对《2006版标准》进行了小范围修订，眼科部分基本延续之前的标准。《2014版标准》草稿经技术委员会审查通过后向社会公布征求意见，完成后报人社部审核并向社会公示，公示期满后报标准委，标准委对该标准的起草流程等进行合法性审查，同时通过网站向社会公布，程序结束后由标准委的上级单位质检总局与标准委共同发布并出版该标准。而《2014版标准》中就涉及了"视力减弱补偿率与工伤残疾对应关系"。

于是，汪某主张《2014版标准》中表A.4及其附注内容（涉及视力减弱补偿率与工伤残疾对应关系）与其享有的科技成果权内容一致，且未为其署名，为侵权内容。汪某认为，质检总局和标准委作为《2014版标准》的发布者和最终审核确认方，人社部作为该标准的提出及归口单位，上海鉴定中心作为该标准的起草单位，应对该标准中出现的侵权内容承担连带法律责任。

故汪某以质检总局、标准委、人社部以及上海鉴定中心为被告向北京市海淀区人民法院提起了其他科技成果权纠纷诉讼。汪某起诉要求：1.四被告再行印刷《2014版标准》时增加或登报声明汪某为起草人；2.四被告登报道歉，消除影响；3.四被告赔偿汪某经济损失及合理开支共计50万元。

北京市海淀区人民法院经审理认为，汪某在《浅》文中的"视力减弱补偿率残级分布"表及使用说明中"需要强调的三点"内容，属于利用科学技术知识、信息和经验设计出的有助于眼科伤残评级的技术方案，可以构成一项科技成果，汪某为该科技成果权人；《2014版标准》最终采用的眼科伤残评级方法实际与汪某的涉案科技成果内容基本一致。尽管人社部主张《2014版标准》中的涉案内容由修订专家组独立制订完成，专家组并未参阅汪某的涉案论文，但人社部、质检总局、标准委以及上海鉴定中心未能提供证据证明该标准是修订人员独立研究创造出的成果；上海鉴定中心作为涉案标准的起草单位，直接采用这部分内容但未以适当方式标明汪某为科技成果权人的行为，存在主观过错，应对此侵权行为承担相应的法律责任。人社部作为该标准的提出及归口单位，委托上海鉴定中心起草该标准，且对该标准内容进行了全面审核，人社部在未注明汪某为涉案科技成果权人的情况下使用该科技成果的侵权行为，应与上海鉴定中心承担连带法律责任。质检总局与标准委依法对国家标准起草过程、发布流程、公布及实施等程序进行合法性审查，没有证据证明质检总局与标准委对该标准在程序合法性审查过程中存在瑕疵并导致发生涉案侵权行为发生。判决：人社部与上海鉴定中心发报声明《2014版标准》中的视力减弱补偿率与工伤等级对应表及附注是汪某的科技成果；人社部与上海鉴定中心共同赔偿汪某合理开支30122.5元。标准委与质检总局对此不承担责任。

一审判决后，人社部、上海鉴定中心以及汪某对一审判决均不服，上诉至北京知识产权法院，上海鉴定中心委托我作为二审诉讼代理人参与庭审。目前本案正在审理当中，已经历了一次开庭，几方当事人正在积极就本案进行调解。

◎ 二审代理意见品鉴

尊敬的审判长、审判员：

我受本案上诉人上海鉴定中心的委托、北京市天睿律师事务所的指派，担任上海鉴定中心的诉讼代理人出席了本案的二审法庭。根据法律规定，结合本案事实，我提出如下代理意见：

一、涉案视力减弱补偿率与残疾等级的对应关系不具有科技成果属性

根据现行的法律、法规和相关司法解释，科技成果必须是具有创造性的一系列完整的技术方案，在程序上须经有关部门认定，方能得到法律保护。科技成果属于知识产权的范畴，创造性劳动是构成科技成果的本质特征。反观本案，视力减弱补偿率是世界眼科医学的研究成果，它是由美国眼科学会公开发布的，20世纪90年代，工伤鉴定国家标准起草过程中，为了克服双眼视力值的多种组合情况给眼科伤残评级所带来的问题，标准起草人引入了视力减弱补偿率。以这一成果推断十级伤残的对应关系，是一种简单叠加和列举的计算关系，稍有专业知识和计算知识即可推导。正如被汪某在《视》文中所述，"视力减弱补偿率是眼科伤残评定依据之一，视力减弱补偿率给定了视力功能残废率值……"《浅》文所述"视力减弱补偿率数值的获得和运用十分简便，并希望有较好的广泛适应性"，"总之，视力减弱补偿率残级分布是根据《工伤鉴定》标准关于视力障碍残级的规定，利用视力减弱补偿率的一一对应关系，将《工伤鉴定》标准的视力残级规定量化后得到的……"汪某在其发表的《浅》文和《视》文中已经清楚表述了这种对应关系的由来。

这种按照既定的程式或法则机械地完成，并且只要是受到一定训练的专业人士即可推导而出的成果只能说是一般的劳动成果，不具备创造成果的特质。这种劳动成果还未达到需要法律保护的具备创造力的智力成果的程度。比如说模仿《清明上河图》，不论高仿到如何逼真也不具有创造性，更谈不上受法律保护。

因此，涉案的《浅》文和《视》文其性质均属一般学术探究。正如汪某《浅》文中提道："它的参考价值，还有待于大量鉴定实践的进一步检验。"如果非要把学术探究上升到其他科技成果的层面，那么这种成果无论在法律上被定义为什么性质，对其保护都是不周延的。汪某起诉时提到在先使用，后又不要求享有专有权，请问汪某没有申请专利，何谈保护？如果说是非专利成果，那么汪某已将之公开，也同样得不到法律保护；如果说汪某该篇文章属科学作品，其著作权受到侵犯，那么标准制定属国家的准立法行为，依法可以使用其所谓的成果。

综上，视力减弱补偿率与伤残等级的对应关系，推断的根本依据是视力减弱补偿率，而这一成果属公知的常识。这种对应推导不具备创造属性，还未上升到法律保护的层面。当然，我们并不否认《浅》文和《视》文是汪某的劳动成果并应予以尊重，其文章已获得法学研究机构的认可。这恰巧说明其劳动成果已得到相应的价值体现。

二、涉案争议涉及的领域不同，不具有可比性

汪某主要从事临床法医学、物证技术研究与教学领域，而上海鉴定中心委托起草的《2014版标准》属于工伤领域。司法鉴定和工伤鉴定是两个不同的鉴定领域，其鉴定依据的原则和理念不同。司法鉴定的原则是独立、客观、公正，而工伤鉴定原则强调保护劳动者权益，即向劳动者倾斜。

我国原有的人体损伤致残程度鉴定的标准有多种，分别由劳动人事、卫生、交通、保险等部门依据职能判定，适用领域、对象及承担的社会功能不同，确定伤残的规则和尺度亦不同。两高两部2016年出台并于2017年1月1日正式实施的《人体损伤致残程度分级》第二条明确，GB/T16180-2014劳动能力鉴定职工工伤与职业病致残等级作为规范性引用文件。

汪某是研究司法鉴定的法医，因此不在《2014版标准》修改的工伤鉴定的专家之列。既然研究的不是一个领域，那么汪某就不能从司法鉴定的角度去评判工伤鉴定，就不能用自己的研究成果去否定多年实施的工伤鉴定的事实。比如，用司法鉴定的严谨角度，无法解释"就高不就低"的工伤鉴定原则。

《2014版标准》是从《1996版标准》逐渐转化而来，是国内几代眼科专家面对复杂的人体损伤状况运用集体智慧精心打造，标准的修订不是某个人的劳动成果，更不存在也不应存在私有领地。

三、上海鉴定中心接受委托起草国家标准合法合规

国家标准的出台要依据一定的法定程序，依法依规进行，国家标准具有权威性、严肃性、公益性和不可逆转性，尤其是标准的公益性。这里不存在私人领地，也不存在同业竞争，完全是一种履行国家赋予的职能的准立法行为。上海鉴定中心向法庭提供的证据表明，《2014版标准》出台，经历了委托、立项、成立领导小组和专家小组、专家多次论证、专家评审通过、草案向社会公示征求意见、最后报批实施等程序。这里要特别提醒法庭的是——向社会公示程序，国家机关在履行职能时若侵犯了他人的权益应依照《侵权责任法》的相关规定，适用过错责任原则。代理人认为，履行了公示程序就应排除上海鉴定中心的过错，如果该标准出台侵犯了某个人的权益，其应在公示期间提出主张。汪某作为法医并热衷于工伤研究，理应关注《2014版标准》

草案的征求意见情况，有争议应通过合理的渠道反映问题，而不应是事后补救并提出享有科技成果权的诉求。因此，履行了公示程序就应该排除我方主观过错。就如同一个遵守交规的人因不可规则于己的原因与他人发生交通事故不应承担责任的道理一样，这是由国家机关依法履行职能的特殊程序所决定的。

四、"其他科技成果权"已无存在之必要

如果以计划经济时代的立法中的"其他科技成果权"标准判令起草方承担法律责任，不符合立法初衷和本意。《民法通则》规定的"其他科技成果权"实际上是公民获得精神奖励和物质奖励的权利，是一种具有精神性的权利，不具备智力成果专有使用权，更不具备知识产权的专有财产性质。在制定《民法通则》时，我国尚处于计划经济体制，生产、科研及应用等都依靠国家计划，科技成果归国家所有，在这种立法背景下才有了《民法通则》的"其他科技成果权"规定，其主要是对个人进行精神及物质上的奖励，这在后来的《科技进步法》中国务院设立了多种科技奖项也有所体现。并非一切科技成果都能得到法律的保护，如果一切科技成果都能用《民法通则》中的科技成果权去保护，那么现有的有关知识产权的专项立法都会显得多余，国家科技部也没有必要发文要求对科技成果申请后应进行认定等确认性工作。本案汪某一方面主张享有科技成果权这种精神性的权利，另一方面又要求上海鉴定中心以财产权利的保护方式对其进行经济赔偿，其主张甚为荒谬。随着知识产权保护范围的扩大，各种保护知识产权的专门性法律逐渐完善，"其他科技成果权"已无适用之条件，即将于今年10月1日起实施的《民法总则》予以删除，这说明"其他科技成果权"

完全没有了适用的前提及调整的对象，进而失去了存在必要。

审判长、审判员，事实和法律是知产审判的基石，权利是以受法律保护为基础的，不受法律保护的权利只是一种事实状态。特别提示法庭，在本案二审定纷止争时，要充分考虑制定国家标准的公益性、规范性以及严肃性，兼顾个人利益和国家利益。不仅要充分说理释法，案结事了，还要考虑到司法审判的社会效果。上诉人尊重汪某的劳动成果，但绝不认可其享有科技成果权而可要求我方进行经济赔偿或向其进行道歉。按照汪某主张科技成果权的逻辑，其应当向相关单位提出申请并通过相关认定流程，可请求有关部门向其颁发荣誉证书、获得精神及物质奖励，而非要求上诉人承担责任。

以上代理意见，恳请二审法庭予以考虑，谢意！

此致

北京知识产权法院

上诉人上海鉴定中心诉讼代理人：

刘福奇律师

2017 年 3 月 19 日

◎ 案例评析

本案的案由是其他科技成果权纠纷，本案的纠纷又恰巧发生在《民法总则》实施前。《民法总则》将"科技成果权"这一不甚准确的权利删除，而《民法通则》中的"其他科技成果权"却又恰是汪某起诉并主张权利的依据，正因如此使得本案的上诉更具可诉性。值得一提的是在一审中主张权利的汪某（原审原告）以及一审判决承担责任的当事人——人社部（原审被告）以及我代理的上海鉴定中心（原审被告）均对一审判决不服向北京知识产权法院提起上诉，而这又恰巧是案件可调的基础。

一审法院认定本案的争议焦点有三：一、汪某对《浅》文的"视力减弱补偿率残级分布"表及使用说明中"需要强调的三点"内容是否享有科技成果权。二、若享有，《2014版标准》是否侵害了汪某科技成果权。三、若侵权成立，四被告是否应当承担法律责任。经审理，一审法院肯定了汪某对"视力减弱补偿率残级分布"表及使用说明中"需要强调的三点"内容享有科技成果权，认为该内容具有创造性；根据四被告没有提供证据证明《2014版标准》中视力减弱补偿率与工伤残疾等级的对应关系是负责起草的专家多次论证得出的共同智力成果，而认定《2014版标准》侵害了汪某科技成果权；汪某没有证据证明作为《2014版标准》的发布者和最终审核确认方的质检总局和标准委在对该标准进行程序合法性审查过程中存在瑕疵或导致侵权的情况出现，故二者对该标准的侵权不承担法律责任；作为该标准的提出及归口单位的人社部以及作为该标准起草单位的上海鉴定中心，应对该标准中出现的侵权内容承担连带法律责任。

根据一审法院认定事实以及审判的思路不难看出，一审法院的裁判一直在围绕科技成果权进行，诚然，《民法总则》实施后，汪某主张权利的法律依据以及一审法院进行裁判的依据显得薄弱。这也是我在二审代理意见中着重论述的。——在制定《民法通则》时，我国尚处于计划经济体制，生产、科研和应用等都依靠国家计划，科技成果归国家所有，因此《民法通则》才会规定"其他科技成果权"对个人进行精神和物质奖励，如今"其他科技成果权"已无适用之条件，即将于10月份实施的《民法总则》已将其删除。正因为如此，二审法院给予当事人充足时间私下进行调解。

但是不得不佩服，一审法院在认定案件事实、对各方当事人提出的证据的取舍以及"本院认为"部分，条理非常清晰，语言专业而精炼。

◎ 案件提示

我国《民法总则》第123条对知识产权作了列举式规定，民事主体依法享有知识产权。知识产权是权利人依法就下列客体享有的专有的权利：（一）作品；（二）发明、实用新型、外观设计；（三）商标；（四）地理标志；（五）商业秘密；（六）集成电路布图设计；（七）植物新品种；（八）法律规定的其他客体。该规定对于引导、统筹知识产权相关法律是大有裨益的，但不难看出该条运用了列举的方法对民事主体享有的知识产权进行一一列举，即使是第8项"法律规定的其他客体"也仅是给其他特别法以立法余地，并非刻意随意捏造，主观臆想出一项知识产权。

而《民法通则》中的"科技成果权"却因为时代进步的要求遭到了删除。立法背景不同，立法目的不同，试图保护的对象不同则法律条文不同。随着时代的发展，科技的进步，类似"科技成果权"这样不甚明确的权利被予以删除，与时俱进。《民法总则》以列举客体的方式规定知识产权，不仅符合我国已经加入的知识产权国际公约，而且也在一定程度上反映了我国知识产权保护的现状，这一方面是值得肯定的。

> 在金融借款合同纠纷中，借款人逾期还款，而合同未就违约金或逾期利息进行约定的，应当按照国家有关规定支付逾期利息。本案中，我作为上诉人中国农业银行股份有限公司葫芦岛分行二审委托诉讼代理律师依据《中国人民银行关于人民币贷款利率有关问题的通知》（银发〔2003〕251号）相关规定提起上诉，进一步维护了上诉人的合法权益。

上诉，为当事人争取最大限度的合法权益
——农行葫芦岛分行金融借款合同纠纷案

◎ 案例索引

上诉人（原审原告） 农行葫芦岛分行（贷款人）；

被上诉人（原审被告） 金鑫建材公司（债务承接人）；刘彪（化名，金鑫建材公司股东）；金鑫房地产公司（金鑫建材公司股东）；炼锌厂（原债务人、债务保证人）；牛刚（化名，炼锌厂厂长）

原审被告 时尚卖场（债务保证人）

案由 金融借款合同纠纷

一审法院 葫芦岛市中级人民法院〔案号（2015）葫民初字第

00092号]

二审法院　辽宁省高级人民法院［案号（2016）辽民终699号］

◎ 案件追踪

2006年1月24日、2月7日，农行葫芦岛龙港支行与炼锌厂签订两份金额分别为2200万元和800万元，合计3000万元的《借款合同》，借款期限分别为9个月和8个月，借款利率按固定利率，自利率基准上浮30%，执行年利率7.254%直至借款到期日。2006年10月24日、10月7日，双方针对上述两份《借款合同》签订了两份《借款展期协议》，展期期限均为6个月；展期期间借款利率按固定利率，在利率基准上上浮30%，执行年利率8.19%直至借款到期日。

2007年9月28日、9月30日，农行葫芦岛龙港支行与金鑫建材公司、炼锌厂、新玛特购物广场（2008年更名为时尚卖场）签订两份《债务转移协议书》，炼锌厂将其对农行葫芦岛分行的3000万债务无条件移转给金鑫建材公司，由时尚卖场作为担保人。承接贷款利率为，借款利率在利率基准上上浮30%，执行年利率9.477%直至借款到期日。同日三方签订两份《保证合同》，炼锌厂、时尚卖场为金鑫建材公司的债务提供保证担保。

金鑫建材公司在借款到期后，陆续偿还借款本金及相应利息，至2013年9月21日尚欠借款本金2200万元；2013年11月5日，金鑫建材公司、炼锌厂、时尚卖场在农行葫芦岛分行出具的《债务逾期催收通知书》上加盖公章，其载明，到2013年9月21日，欠款利息29274154.34元；2014年4月30日，金鑫建材公司偿还借款本金100万元。

农行葫芦岛分行为实现其债权而提起诉讼,一审起诉请求:1.判令金鑫建材公司偿还借款本金2100万元及利息42905944.28元(截至2015年5月20日,以后利息顺延计算至偿还日),合计63905944.28元;2.确认葫芦岛农业银行龙港支行与炼锌厂、时尚卖场签订的《保证合同》合法有效,炼锌厂、时尚卖场对上述借款本息承担连带清偿责任;3.判令刘彪、金鑫房地产公司对金鑫建材公司上述债务承担连带偿还责任;4.判令牛刚对炼锌厂的债务承担无限连带责任。

一审法院依据农行葫芦岛分行提供的《债务转移协议书》《债务逾期催收通知书》等相关证据支持了其第一项诉请;依据三方《保证合同》,支持了其第二项诉请;驳回了其其他诉讼请求。判决:一、金鑫建材公司于判决生效之日起十日内偿还农行葫芦岛分行借款本金2100万元和2013年9月21日之前的利息29274154.34元,2013年9月21日起至判决确定给付之日止的利息按合同约定利率顺延计算;二、炼锌厂、时尚卖场对金鑫建材公司的上述借款本息承担连带偿还责任;三、驳回农行葫芦岛分行的其他诉讼请求。

农行葫芦岛分行对一审判决部分不服,委托我作为委托代理人,其认为一审判决第一项"2013年9月21日起至判决确定给付之日止的利息按合同约定利率顺延计算"对逾期利息的判决存在不明确的问题,影响农行葫芦岛支行实现其债权;此外,农行葫芦岛分行一审庭审提供的《债务转移协议书》《债务逾期催收通知书》及利息明细等证据对利息计算方法、利率选取予以证明。虽然《债务转移协议书》中未明确约定罚息利率,但《债务逾期催收通知书》及利息明细两项证据,可以证明企业已经认可了罚息利率14.2155%(即执行利率

9.477%上浮50%）及计算方式。一审法院确认了《债务逾期催收通知书》利息数额，理应对2013年9月21日以后按同样利率和方法计算所得利息数额予以认可，判决应明文支持，以便于执行；一审庭审中农行葫芦岛分行已经提供了炼锌厂的营业执照、工商查询信息等证据，证明炼锌厂是个人独资企业，牛刚是投资人，根据《个人独资企业法》相关规定，在企业财产不足以偿还债务的情况下，牛刚应以其个人财产对企业债务承担无限偿还责任。据此，向辽宁省高级人民法院提起上诉。

农行葫芦岛分行的上诉请求得到了二审法院支持，二审法院变更葫芦岛市中级人民法院（2015）葫民初字第00092号民事判决主文第一项为："金鑫建材公司于本判决生效之日起十日内偿还农行葫芦岛分行借款本金2100万元和利息（2013年9月21日之前的利息为29274154.34元；2013年9月22日起至2014年4月30日的利息，以2200万元为基数，按年利率14.2155%计付；2014年5月1日起至本判决确定给付之日止的利息，以2100万元为基数，按年利率14.2155%计付）"；判决"牛刚对炼锌厂应承担金鑫建材公司的连带责任债务，承担无限清偿责任"。

◎ 二审代理意见品鉴

尊敬的法官：

北京市天睿律师事务所接受原审原告农行葫芦岛分行的委托，指派我担任本案的诉讼代理人，接受委派后，我对本案的事实、证据进行了详尽的调查分析，通过刚才的法庭审理，结合庭审争议焦点，现发表代理意见如下：

一、金融借款的罚息、复利的计算

根据《中国人民银行关于调整金融机构存、贷款利率的通知》（银发〔2004〕251号）提出，放开金融机构贷款利率浮动区间，政策性银行及商业银行的利率不再设定上限。另外，根据中国人民银行关于印发《人民币利率管理规定》的通知（银发〔1999〕77号）第二十条、第二十一条、第二十五条的相关规定，以及中国人民银行关于人民币贷款利率有关问题的通知（银发〔2003〕251号）第二条、第三条的规定，商业银行可以在与借款人订立书面合同时，约定贷款利率，该利率不再受利率上限的限制，同时，在合同期内，可以按照商业原则进行调整。对于逾期偿还借款的罚息及复利的计算，逾期贷款（借款人未按合同约定日期还款的借款）的利率确定是在借款合同载明的贷款利率水平上加收30%—50%；从逾期贷款之日起，按罚息利率计收利息，直至清偿本息为止。对不能按时支付的利息，按罚息利率计收复利。

本案中金鑫建材公司签署的《债务转移协议书》第二条第5款规定：借款利率在利率基准上上浮30%，执行年利率9.477%直至借款到期日。该利率系双方协商确定的，合法有效。

虽《债务转移协议书》中未对贷款逾期后的罚息进行约定，但在金鑫建材公司对农行葫芦岛分行的贷款逾期后，农行葫芦岛分行向金鑫建材公司发送的《债务逾期催收通知书》及利息计算明细，农行葫芦岛分行自2009年1月22日起采用的罚息利率为14.2155%（即《债务转移协议书》约定的贷款利率水平上加收50%），执行的罚息利率符合法律规定，且经过了债务人金鑫建材公司的盖章确认，视为金鑫建材公司对利息、罚息及复利的计算的认可。另，农行葫芦岛分行与连带保证责任担保人时尚卖场、炼锌厂签署的《保证书》中明确约定了担保范围包含了利息、罚息和复利。在金鑫建材公司对农行葫芦岛分行的贷款逾期后，农行葫芦岛分行亦向保证人发送了《担保人履行责任通知书》及利息明细，保证人亦盖章确认，视为保证人对利率、罚息、复利的计算的认可。债权人、保证人对所欠农行葫芦岛分行的本息都予以认可，法院应当按照双方认可的利率及计算方式进行判决。

为了便于执行，请求法院明确判决金鑫建材公司偿还农行葫芦岛分行 2013 年 9 月 21 日至 2015 年 5 月 20 日贷款利息 13631789.94 元，2015 年 5 月 21 日以后利息按照合同约定利率 14.2155% 及计算方法顺延计算，直至贷款还清之日止。

二、炼锌厂的性质及炼锌厂负责人牛刚是否应对债务承担无限连带责任

经查询全国企业信用信息公示系统（辽宁），炼锌厂为个人独资企业，负责人为牛刚（截图已提供）。根据《个人独资企业法》第二条："本法所称个人独资企业，是指依照本法在中国境内设立，由一个自然人投资，财产为投资人个人所有，投资人以其个人财产对企业债务承担无限责任的经营实体"。第三十一条规定："个人独资企业财产不足以清偿债务的，投资人应当以其个人的其他财产予以清偿"。

本案一审法院认为"关于原告认为炼锌厂是牛刚的个人独资企业，牛刚应该对炼锌厂的债务承担无限连带责任的问题，因为原告不能提供证据予以证明，故对其诉讼请求本院不予支持"，是不合理的。原告提供了全国企业信用信息公示系统的页面截图，显示该企业性质为个人独资企业，原告具有合理信赖该系统公示的信息的正确性，已经对主张进行了证明，按照谁主张谁举证原则，原告进行了举证，至于被告炼锌厂，牛刚答辩称该企业为合伙企业，原告作为第三人无法知悉，被告应当对自己的主张提供证据证明，一审法院举证责任分配错误。

经查询案例，如张某某与被告宁波市鄞州某泡沫塑料厂、谢某某买卖合同纠纷一案，原告将塑料厂及投资人作为共同被告，要求在个人投资企业无法偿还债务时，由投资人个人财产清偿。法院亦支持了上述主张，但会对清偿的顺序作出判决，先由个人投资企业承担清偿责任，无法清偿的，投资人以个人其他财产清偿。

因此，本案中农行葫芦岛分行将炼锌厂负责人牛刚列为共同被告，请求法院判决炼锌厂承担无限连带责任，在其无法清偿全部债务的时候，可以要求牛刚以个人其他财产承担清偿责任。

如上阐述系本人作为案件委托诉讼代理人提出的代理意见，望各位合议庭成员充分考虑并采纳！

此致

辽宁省高级人民法院

上诉人委托诉讼代理人：北京市天睿律师事务所
刘福奇律师

◎ 案例评析

本案争议焦点有二：一、原审判决针对金鑫建材公司应偿还农行葫芦岛分行的利息数额的判项是否明确，该利息应否按年利率14.2155%顺延计付至贷款还清日止？

涉案《债务转移协议》对借款利率进行了约定，即在利率基准上上浮30%，执行年利率9.477%直至借款到期日，但是对于逾期还款的违约责任未作约定。依据《中华人民共和国合同法》第二百零七条规定："借款人未按照约定的期限返还借款的，应当按照约定或者国家有关规定支付逾期利息。"根据上述规定，如果借款人合同期满不能归还借款，应当承担违约责任。合同没有约定违约金或逾期利息的，应当按照国家有关规定支付逾期利息。中国人民银行向中国人民银行各分行、营业管理部、各政策性银行、国有独资商业银行、股份制商业银行发布的《中国人民银行关于人民币贷款利率有关问题的通知》（银发〔2003〕251号）第三条规定：逾期贷款（借款人未按合同约定日期还款的借款）罚息利率为在借款合同载明的贷款利率水平上加收30%—50%。因此，由于金鑫建材公司没有按照《债务转移协议》约定的期限还清借款，双方在协议中又未约定逾期还款违约金或逾期利息，农行葫芦岛分行作为股份制商业银行按照中国人民银行颁布的上述规定，按《债务转移协议》中约定的贷款利率上浮50%，要求金鑫建材公司给付逾期罚息，没有超过中国人民银行规定的利率上限，符合国家规定。且农行葫芦岛分行自金鑫建材公司违约伊始至提起诉讼前，所发出的三份《债务逾期催收通知单》均按该罚息利率催收罚息，并均得到了主债务人金鑫建材公司、担保人炼锌厂及时尚卖场的盖章确认。因此，农行葫芦岛分行主张金鑫建材公司按《债务转移协议》中约定的贷款利率上浮50%

即 14.2155% 计付逾期利息，具有事实和法律依据。其上诉主张得到了二审法院的进一步支持。

二、牛刚应否对炼锌厂案涉债务承担无限连带偿还责任？

根据农行葫芦岛分行提供的炼锌厂企业基本信息、企业机读档案登记资料、个人独资企业营业执照等证据，炼锌厂系个人独资企业，牛刚系该独资企业的投资人。因此，根据《中华人民共和国个人独资企业法》第二条"本法所称个人独资企业，是指依照本法在中国境内设立，由一个自然人投资、财产为投资人个人所有，投资人以其个人财产对企业债务承担无限责任的经营实体"及第三十一条"个人独资企业财产不足以清偿债务的，投资人应当以其个人的其他财产予以清偿"的规定，牛刚应当对炼锌厂的债务承担无限清偿责任。

◎ 案件提示

1. 在该金融借款合同纠纷中，农行葫芦岛分行在金鑫建材公司违约伊始至提起诉讼前向涉案主债务人、担保人发出《债务逾期催收通知单》并得到了三方盖章确认，而《通知单》上的罚息就是按贷款利率上浮 50% 即 14.2155% 予以计算的，该项证据是二审法院裁判的关键证据，这也提示贷款人在诉前进行有效的债务催收的必要性。有效的、经过借款人认可的债务催收凭证，在诉讼时会成为其主张债权的关键性证据。

2.《中国人民银行关于人民币贷款利率有关问题的通知》（银发［2003］251号）关于金融借款罚息计算的相关规定，是本案二审判决的关键法律依据。这也提示在金融借款合同中，在合同未就逾期利息进行约定时，贷款人就逾期利息主张权利时，可在借款合同载明的贷款利率水平上加收30%—50%。贷款人可在法律允许范围内最大限度地主张其合法权利。

置身事中（彩蛋）

◇ 以电信用户之名——刘福奇诉北京电信侵权纠纷案
◇ 纠正交通队执法行为，推动"民告官"——刘福奇不服广安门交通队行政处罚案

> 本案的特殊之处在于我不是作为代理人而是作为案件原告、上诉人参加到诉讼中来的。北京电信公司通过电话语音提示频繁催促我预缴话费,其行为对我的生活造成了严重困扰,故我就此向法院提起了侵权之诉。纠纷发生时,正值21世纪初期,人们的维权意识还普遍淡薄,作为法律服务者我深感己责任之重大。虽然本案最终没有"打赢官司",但是二审法院向北京电信公司发出的司法建议着实使几十万的电信用户受益。这起案件究竟是怎样的呢?请大家阅读通篇获取答案。

以电信用户之名

——刘福奇诉北京电信侵权纠纷案

◎ 案例索引

上诉人(原审原告) 刘福奇

被上诉人(原审被告) 北京电信公司

案由 侵权纠纷

一审法院 北京市西城区人民法院

二审法院 北京市第一中级人民法院

◎ 案件追踪

2001年的一段时间，北京电信公司经常以电话语音提示方式向本人催收预存话费，每隔一天催一次，具体时间不固定。以2001年6月为例，北京电信公司在6月5日至6月25日期间共10次通知我缴纳本月电话费，我曾多次通过189电信客服反映此事，直至我起诉，北京电信公司依旧在反复提示。这严重影响了我的正常生活及休息的权利，故我就此事向北京电信公司进行投诉。

北京电信公司主张我曾于1997年4月预缴过电话费，其视该类客户为预付款式客户，1999年9月我结算话费后余额为6.27元，其在向客户告知余额不足这一事实且用语文明，不存在侵权问题。而我则认为，所谓预付款合同完全是北京电信公司单方的意思表示，虽然我曾预付话费，但不等同于与北京电信公司建立预付合同关系，北京电信公司在电信收费单上没有明确提示，所谓余额作为电信用户我并不清楚，北京电信公司每月发出的电信收费单上也无提示，为什么存在余额，为什么不自动转存下月。

在向北京电信公司投诉沟通无果后，我就此事将北京电信公司诉至北京市西城区人民法院。

北京市西城区人民法院经审理认为，北京电信公司开展电话费预付款用户业务，其服务宗旨在于方便电话用户缴费，刘福奇采用该项服务后，应视为其认可该服务内容的意思表示。因刘福奇电话费预付款余额不足，且其与北京电信公司未解除电话费预存款合同，北京电信公司对其提供语音提示服务，语音提示的方法及内容未侵犯刘福奇的休息权、私密权。刘福奇主张其未拖欠电话费用,且无违规记录,北京电信公司继续对其使用语音提示服务已构成侵权,缺乏法律依据,故刘福奇要求北京电信公司停止侵权并赔偿精神损失费的诉讼请求,法院不予支持。综上所述,判决:驳回刘福奇之诉讼请求。

我对一审判决不服,向北京市第一中级人民法院提起上诉。

北京市第一中级人民法院经审理认为,刘福奇口头申请向北京电信公司预付电话费,以后又多次向北京电信公司提供的账户内预存电话费,北京电信公司亦向刘福奇提供了该项服务,双方的意思表示真实并且一致,双方的电话费预存款合同成立,且符合法律规定的有效要件,具有法律效力。刘福奇上诉认为其与北京电信公司根本不存在预存款合同,与事实不符,法院不予支持。刘福奇于1999年10月起未在预存款账号内预缴足额电话费,而是每月25日到收费点缴纳当月的电话费,但双方之间未解除电话费预存款服务项目。因双方未就预存款余额不够缴纳当月电话费时如何提示等问题达成书面协议,北京电信公司按交易习惯,通过语音提示系统,在缴费期间通知刘福奇预存款余额已不够缴纳当月电话费,请到收费点缴费,北京电信公司在主观方面不存在着恶意,且提示行为不属于国家法律、法规规定的禁止性行为,北京电信公司的语音提示行为,不构成侵犯刘福奇的休息权、私密权。但北京电信公司在预存款余额已不够缴纳当月电话费的情况下多次提示,确实给用户造成不便。法院将通过司法建议的方式要求北京电信公司调整语音提示系统。在刘福奇起诉后,北京电信公司已停止对刘福奇的语音提示,故刘福奇要求北京电信公司停止侵权、赔偿精神损失1000元,于法无据,不予支持。原审法院判决驳回刘福奇的诉讼请求正确,法院予以维持。

◎ 起诉状事实与理由部分品鉴

首先,电信公司的提示没有法律依据。电信用户每月的电话缴费单实际上就是用户与电信公司的格式合同。缴费单上明确写着每月的5—25日缴费,这是电信用户公知的,北京电信公司没有必要提示。用户只要在这段时间内任何一天缴纳话费即可,至于哪天缴费取决于用户个人,即使用户延期缴纳,北京电信公司有多种法律救济途径。此外,本人并不存在任何违约记录。因此,北京电信公司在其许可的用户缴费期间反复电话通知缴费事宜没有法律依据,也没有事实依据。按电信条例的规定,只有用户话费出现异常情况即当月话费超出前三个月平均话费的五倍时,电信公司才有责任提示。而本案不是这种情况。

其次,北京电信公司这种电话提示也并非善意,如果本人接收了这种提示,北京电信公司应有相应的记载,没必要反复提示。这种提示的目的是当即提示,立即缴费,否则就使用电脑操作反复进行提示直至缴费为止,其欲达到降低自身的商业风险的效果,但其行为却对用户造成了骚扰。与此同时,北京电信公司并没有因其电话提示操作而减轻其对用户的惩罚——逾期支付滞纳金,超过规定期限停机,直至撤号。

再次,北京电信公司利用电信的技术优势,频繁语音致电本人家庭固话,致使本人无法与其交涉,只能被动接收信息。

此外,该提示时间跨度大,从早到晚可以在任何时间发出,严重影响了本人正常的休息权和私密权。家庭固话无疑具有私密性,而这种私密性对电信公司而言是不堪一击的。

综上所述,北京电信公司以电脑操作的机械形式频繁向本人家庭固话发出语言缴费提示的行为,严重影响了本人的合法权利,故为维护原告自身合法权利,特提起此诉讼,恳请法院依法维护原告的合法权益,判如所请。

◎ 案例评析

这个案件的社会效果很好。《京华时报》《北京晚报》、北京电视台的《北京特快》、中央电视台的《今日说法》都竞相作了相关报道。我国目前还没有电信法,也没有个人信息保护法,相信随着社会的发展和需求,相关法律法规会相继出台。

在一般人看来,电信部门提示缴费似乎与侵权相去甚远,正是人们的这种观念助长了电信公司的侵权行为,没人走上法庭,没人依法主张权利。电信公司的做法实际上是为降低自身的商业风险而无视他人的休息权。我们知道,每月应缴话费是上个月产生的,而当月产生的话费由电信公司垫付,这恰是电信公司的风险所在。正因为此,预存话费对电信公司来说风险是最低的,电信公司希望所有用户都是预存话费。这种提示不分昼夜——老人休息的时候,孩子学习的时候,家庭主妇炒菜的时候……都可能受到这种电话提示的困扰。

判决在解决个案问题的同时应兼顾社会效果。虽然本案并未支持本人的诉请,但是实际效果显著,电信公司相应地对其服务质量进行了提升,社会效果良好。我家中恢复了往日的平静,可令我内心不平静的是，还可能有人为受类似电话提示所困扰，故本人提起了上诉。

对于本案，二审法院思路相对清晰，其认定北京电信公司与我之间形成了事实上的合同法律关系，并且双方一直在履行，但是双方就预存话费余额不足的处理方式未达成书面合意，北京电信公司做法欠妥。故二审法院并未支持我的诉求，但是就此事向北京电信公司发出了司法建议书，要求北京电信公司调整对该类用户的提示频率。据此，北京电信公司将电话语音提示由原来的每两天一次变为一星期一次，使北京约70万人次预缴话费的客户受益，从案件效果这一意义上讲，本案没有败诉——督促电信部门提升法律意识及服务意识；为电信用户的合法权益提供有效保护。

根据当时的《电信条例》规定，只有用户的话费出现异常情况即话费超过前三个月平均话费的5倍时，电信部门才有权提示用户。在用户没有异常时反复提示缴话费是典型的霸王条款。按这种逻辑推断，如果用户预缴过电话费，那么之后都必须预缴，若不预缴，电信公司就反复进行电话语音提示直至收到预缴费为止。如今，电信市场呈现出了竞争的形势，随着法律的健全，人们的隐私权得到了重视与保护，电信部门的服务意识也相应得到了提高。

◎ 案件提示

［事实合同］

指平等主体的合同当事人之间，虽没有经过"要约－承诺"的意思合意，但是通过了符合法律规定的事实行为达成了事实合意，合同当事人之间成立了法定的债权债务法律关系。从本案法院的做法可以看出，司法系统已经认可了这种事实合同。

[格式条款]

根据我国现行《合同法》第三十九条第二款规定，格式条款是当事人为了重复使用而预先拟定，并在订立合同时未与对方协商的条款。

《合同法》第四十一条规定，对格式条款的理解发生争议的，应当按照通常理解予以解释。对格式条款有两种以上解释的，应当作出不利于提供格式条款一方的解释。格式条款和非格式条款不一致的，应当采用非格式条款。该条文对合同中涉及的格式条款解释问题进行了规定，其立法目的在于保护格式条款接受方的合法权益。

> 这是我亲身经历的一个行政诉讼案件，涉及行政处罚。我对交通队暴力执法行为不服提起了该起行政诉讼，诉讼过程中，因交通队及时纠正了其执法行为并赔偿了我相应的经济损失，故我主动撤销了起诉。一个微不足道的案子却反映了某一时代背景下行政机关的执法情况，与今形成了鲜明对比。作为"民告官"的《行政诉讼法》在2014年进行了大规模的修改，这无疑是对行政机关的行政行为的有力监督。

纠正交通队执法行为，推动"民告官"
——刘福奇不服广安门交通队行政处罚案

◎ 案例索引

原告 刘福奇

被告 广安门交通队

案由 具体行政行为

一审法院 北京市宣武区人民法院（2010年并入北京市西城区人民法院）

◎ 案件追踪

2002年9月30日早上7时50分左右,我驾车到宣武区(西城区)红莲南路附近办事,将车停放在路南侧,距"欧园"项目路口约2米。10分钟之后返回取车时,见一交通民警正准备将车拖走(拖钩已挂在车上),我跑过去对民警说,这是我的车,刚停一会儿,当时周围有许多围观群众,这时坐在拖车上的民警已是一脸怒气,大声喊"驾照"。我说"证件在车里,你先把我车放下我再出示证件"。这时民警又大声斥道"驾照"。我说"针对违章停车行为我接受处罚,你没必要这个态度,你应该知道什么是文明执法"。此时,民警立即起动拖车将我的车拖走,我随即打车跟着拖车来到一拖车停车场。自始至终,该民警一直坐在拖车里。到停车场后,该民警亦没有立即处理的意思,并且要离去。既然没在当场处理,我也随即启动自己的车要离开,这时该民警又用拖车将我车拦住,并告诉我再拖还要缴200元罚款。我说:"我不清楚你们的执法程序,是当场处罚还是事后处罚。临近国庆假期,大家都很忙,希望执法有效率。"于是,该民警向我开具了NO3107999号公安交通管理行政强制措施处罚单。此外,在约15分钟的时间里,该停车场收了我40元的停车费。

我对广安门交通队民警作出的交通管理行政强制措施不服,向北京市宣武区人民法院提起诉讼,要求广安门交通队对其民警在行政处罚过程中给我造成的不必要的经济损失进行赔偿。

北京宣武区人民法院审理期间,广安门交通队对我的诉讼请求进行了答复,并对给我造成的不必要的经济损失(拖车费、打车费、停车费及诉讼费等）进行了赔偿，态度良好。故我向法院提出了撤回起诉的申请，得到了法院的准许，诉讼费减半收取40元。

◎ 起诉状事实与理由部分品鉴

本人认为，违章停车应受到相应的处罚，但行政相对人有申辩的权利。本案违章从时间和地点没有到非拖车不可的地步，即使需要采取拖车措施，在车主出现后拖车行为也不应该继续，这种人为加大执法成本的行为是不必要的。这是对被处罚者申辩行为的报复行为，是在滥用公权。公安部2000年3月1日起施行的《交通违章处罚程序规定》第40条规定，车辆有下列情形之一的，公安机关交通管理部门及其交通民警可以指派清障车将车辆拖曳至不妨碍交通或者指定的地点：（一）在道路上违章停放，驾驶人员不在现场或者拒绝将车辆移走的。北京市实施的《道路交通事故处理办法》也有相关规定。由于广安门交通队民警的具体行政行为不当，给本人造成了不必要的经济损失，故广安门交通队应依法进行赔偿。

◎ 案例评析

从粗暴执法到文明执法必然要经历一个过程。有幸赶上了那个随性拖车的年景——车被拖走，不知到哪儿找，文明一点儿的在地上用粉笔留个电话。甚至有车里有孩子哭，依旧照拖不误的。那时的拖车停车场也趁火打劫，牟取暴利，住在皇城根就以为自己是皇亲国戚，任性妄为。

自1990年10月1日起开始实施《行政诉讼法》以来，"民告官"有多大的胜诉比例，我没有进行过相关研究，但能把那些行政主管部门送上被告席,已是中国法制的进步,这在此之前是不可想象的。权力没有制衡则意味着滥用和腐败,这是任何国家任何历史时期的必然现象。

2014年全国人大常委会对《行政诉讼法》进行了修改,大大降低了"民告官"的难度,使《行政诉讼法》成为真正的"民告官"的法律。有权必有责,权责要统一。这对依法行政,保护行政相对人利益是十分重要的。值得欣慰的是,现如今人性化执法已不是奢望——先提示,敬个礼,行政处罚有法有据,行政措施适当,拖车停车场再也不乘人之危滥收费了……这些都是进步。作为首都公民的一员,对此深有体会。

◎ 案件提示

[行政诉讼]

是行政相对人认为行政主体以及法律法规授权的组织作出的行政行为侵犯其合法权益时,向法院提起的诉讼。2014年,我国对《行政诉讼法》进行了修改,对于有关受案范围的规定,删除了"具体"二字,把抽象行政行为纳入其中,这一修改扩大了行政诉讼的受案范围,对《行政诉讼法》以及行政诉讼的司法实践意义非凡。

[具体行政行为]

是指国家行政机关、法律法规授权的组织及行政机关委托的组织或者个人针对特定的公民、法人或者其他组织(即行政相对人),针对特定的具体事项,通过行使特定的行政管理职权而作出的影响行政相对人权利义务的单方行为。是行政诉讼受案范围的主要部分。

图书在版编目(CIP)数据

做律师的这些年 / 刘福奇著 . —北京：中国法制出版社，2018.1

ISBN 978-7-5093-9177-8

Ⅰ . ①做… Ⅱ . ①刘… Ⅲ . ①法律—案例—中国 Ⅳ . ① D920.5

中国版本图书馆 CIP 数据核字（2018）第 004145 号

责任编辑：赵宏（health-happy@163.com）赵燕　　封面设计：周黎明

做律师的这些年
ZUO LÜSHI DE ZHEXIENIAN

著者 / 刘福奇
经销 / 新华书店
印刷 / 三河市紫恒印装有限公司
开本 / 880 毫米 ×1230 毫米　32 开　　　印张 /7.75　字数 /171 千
版次 /2018 年 1 月第 1 版　　　　　　　　2018 年 1 月第 1 次印刷

中国法制出版社出版
书号 ISBN 978-7-5093-9177-8　　　　　　　　　　　　定价：39.00 元

北京西单横二条 2 号　邮政编码 100031
网址：http://www.zgfzs.com
市场营销部电话：010-66033393

值班电话：010-66026508
传真：010-66031119
编辑部电话：010-66010483
邮购部电话：010-66033288

（如有印装质量问题，请与本社编务管理部联系调换。电话：010-66032926）

送上被告席，已是中国法制的进步，这在此之前是不可想象的。权力没有制衡则意味着滥用和腐败，这是任何国家任何历史时期的必然现象。

2014年全国人大常委会对《行政诉讼法》进行了修改，大大降低了"民告官"的难度，使《行政诉讼法》成为真正的"民告官"的法律。有权必有责，权责要统一。这对依法行政，保护行政相对人利益是十分重要的。值得欣慰的是，现如今人性化执法已不是奢望——先提示，敬个礼，行政处罚有法有据，行政措施适当，拖车停车场再也不乘人之危滥收费了……这些都是进步。作为首都公民的一员，对此深有体会。

◎ 案件提示

[行政诉讼]

是行政相对人认为行政主体以及法律法规授权的组织作出的行政行为侵犯其合法权益时，向法院提起的诉讼。2014年，我国对《行政诉讼法》进行了修改，对于有关受案范围的规定，删除了"具体"二字，把抽象行政行为纳入其中，这一修改扩大了行政诉讼的受案范围，对《行政诉讼法》以及行政诉讼的司法实践意义非凡。

[具体行政行为]

是指国家行政机关、法律法规授权的组织及行政机关委托的组织或者个人针对特定的公民、法人或者其他组织（即行政相对人），针对特定的具体事项，通过行使特定的行政管理职权而作出的影响行政相对人权利义务的单方行为。是行政诉讼受案范围的主要部分。

图书在版编目(CIP)数据

做律师的这些年 / 刘福奇著 . —北京：中国法制出版社，2018.1
 ISBN 978-7-5093-9177-8

Ⅰ.①做… Ⅱ.①刘… Ⅲ.①法律—案例—中国 Ⅳ.① D920.5

中国版本图书馆 CIP 数据核字（2018）第 004145 号

责任编辑：赵宏（health-happy@163.com）赵燕　　　　封面设计：周黎明

做律师的这些年
ZUO LÜSHI DE ZHEXIENIAN

著者 / 刘福奇
经销 / 新华书店
印刷 / 三河市紫恒印装有限公司
开本 / 880 毫米 ×1230 毫米　32 开　　　印张 / 7.75　字数 / 171 千
版次 / 2018 年 1 月第 1 版　　　　　　　2018 年 1 月第 1 次印刷

中国法制出版社出版
书号 ISBN 978-7-5093-9177-8　　　　　　　　　　　　　定价：39.00 元

北京西单横二条 2 号　邮政编码 100031
网址：http://www.zgfzs.com
市场营销部电话：010-66033393
值班电话：010-66026508
传真：010-66031119
编辑部电话：010-66010483
邮购部电话：010-66033288
（如有印装质量问题，请与本社编务印务管理部联系调换。电话：010-66032926）